Walter Oelschner/Friedrich Meisinger
GRUNDLAGEN DES LEBENS

Pfarrer Paul Deitenbeck
zu seinem 75. Lebensjahr gewidmet

DIE AUTOREN DIESES BUCHES:

Walter Oelschner, Jahrgang 1911, Gemeindepfarrer, Direktor der Neukirchener Mission, Stadtjugendpfarrer von Frankfurt, jetzt Pfarrer i. R. (in Reichweite), viel im Land unterwegs zu Bibelwochen und Evangelisationen.

Friedrich Meisinger, Jahrgang 1940, Automechaniker, Spediteur, Dipl.-Religionspädagoge, 20 Jahre Jugendevangelist im Ev. Jugendwerk Frankfurt (CVJM-Westbund), jetzt Evangelist bei der Deutschen Zeltmission.

Die Autoren kennen sich seit vielen Jahren. 6 Jahre war Friedrich Meisinger im Religionsunterricht bei Walter Oelschner und 10 Jahre saß er unter seiner Kanzel. Beide wollen dieses Buch miteinander herausbringen, um dem Leser die Erfahrung des Älteren und die Dynamik des Jüngeren zugute kommen zu lassen. Daraus ergibt sich eine besondere Spannung in der Frage nach den Grundlinien des Lebens und den Leitlinien, die uns Gott in seinen Geboten gegeben hat.

Walter Oelschner
Friedrich Meisinger

GRUNDLAGEN DES LEBENS

Leitlinien Gottes,
erläutert in offenen Briefen
für Menschen unserer Tage

Reinhard Kawohl Wesel
Verlag für Jugend und Gemeinde

Bestell-Nr. RKW 416

2. Auflage

Verlag für Jugend und Gemeinde

Titelfoto: W. Rauch
Umschlaggestaltung: RKW

ISBN: 3 88087 416 6

Ein Wort zuvor

*Die Verfasser dieses Buches,
Pfarrer Walter Oelschner und
Evangelist Friedrich Meisinger,
sind mir aus ihrer aktiven Tätigkeit
in der Gemeinde- und Jugendarbeit in
Kelsterbach gut bekannt.*

*Wenn nun beide sich in diesem Buch
in Fragen und Antworten zu Menschen
unserer Zeit wiederfinden, so ist das
ein Zeichen wunderbarer Führung.
Es ist aber auch die Rückbesinnung
auf eigene Glaubenserfahrung.*

*Diese nicht nur für sich zu
behalten, sondern einer fragenden und
sich nach Frieden sehnenden Welt
weiterzugeben, ist missionarisches
Wirken beider Verfasser.*

*Die zehn Gebote können nur dann
recht gelebt werden, wenn wir sie
neu entdecken und in unser Leben
hineinnehmen. Dazu möge uns
und allen Lesern dieses Buch eine
gute Wegbereitung und Hilfe sein.*

*Friedrich Treutel
Bürgermeister der Stadt Kelsterbach*

Das erste Gebot

Die Bibel
Ich bin der Herr, dein Gott, der ich dich aus Ägyptenland, aus dem Diensthause geführt habe. Du sollst keine anderen Götter neben mir haben. Du sollst dir kein Bildnis noch irgend ein Gleichnis machen, weder des, das oben im Himmel, noch des, das unten auf Erden, oder des, das im Wasser unter der Erde ist. Bete sie nicht an und diene ihnen nicht. *(2. Mose 20, 2-5a)*

Der Katechismus
Ich bin der Herr, dein Gott.
Du sollst nicht andere Götter haben neben mir.

Was ist das?
Wir sollen Gott über alle Dinge fürchten, lieben und vertrauen.

Liebe Freunde!
Nachdem ich 1955 die Arbeit als Stadtjugendpfarrer in Frankfurt beendet hatte, kam ich nach Kelsterbach. Das liegt zwischen Frankfurt und Rüsselsheim. Zu unserem alten Pfarrhaus gehörten Ställe aus der Zeit, als die Pfarrer noch Landwirtschaft trieben.
Eines Tages kamen ein paar Konfirmanden auf den Hof. Sie hatten einen großen Hund bei sich und fragten: »Herr Pfarrer, können wir den Hund eine Zeitlang bei Ihnen im Stall unterbringen?«
Meine Freunde, es war ein herrenloser Hund. Wie der aussah! Struppiges Fell, triefende Augen, kaum vernarbte Wunden. Man konnte die Rippen zählen. Wie gern hätte dieser Hund wohl wieder einen Herrn gehabt, einen, der ihn füttert, ihn pflegt und vielleicht auch mal streichelt.
Meine Freunde, das ist nun das erste, was wir mit diesem Gebot Gottes laut ausrufen wollen: Wir haben einen Herrn! Wir sind keine herrenlosen Geschöpfe.

Aber da beginnt auch schon die erste Schwierigkeit, wenn man uns fragt: Wo ist er denn?
Ich bin im Ruhrgebiet aufgewachsen. Als junge Leute hatten wir schon Auseinandersetzungen mit Kommunisten und Atheisten. Es gab sogar einen »Bund kämpfender Gottloser«. Wir gerieten uns in die Haare und wurden von den geschulten Agitatoren in die Enge getrieben. Wir konnten die Existenz unseres Gottes nicht beweisen. Wir konnten ihn nicht vorzeigen.
Wenn man die Heiden fragt: Wo ist dein Gott?, dann sagen sie: Dort steht er in der Ecke, oder: Ich habe ihn hier in der Tasche. Bei uns steht er nicht in der Ecke, wir haben ihn nicht in der Tasche. Deswegen fällt uns der Gottesbeweis so schwer. Viele leiden darunter.
Ein Quadrat hat vier Winkel. Das können wir nachweisen. Das beherrschen wir. Der Gott, mit dem wir Christen es zu tun haben, der Gott, der sich uns im ersten Gebot vorstellt, ist so groß und so unausforschlich, daß jeder menschliche Beweis seiner Existenz mißlingen muß.
Die Philosophen haben es versucht, ganze Gedankengebirge haben sie aufgetürmt, um Gott näher zu kommen. Sie, zusammen mit den Dichtern und Forschern, haben eine Menge zusammengebracht, das vielleicht einmünden kann in Beethovens »Gesang an die Freude«, wo der Chor jubelt: Brüder, über'm Sternenzelt muß ein guter Vater wohnen. Muß er wirklich? Wer beweist uns das? Im menschlichen Gewissen soll er sich beweisen lassen, im Lauf der Völkergeschichte, in der Schöpfung. Wir Christen müssen bei all diesen Versuchen passen. Der Gott, mit dem wir es zu tun haben, läßt sich nicht beweisen wie ein Lehrsatz.
Deswegen haben die Gottlosen jeder Schattierung mit uns ein leichtes Spiel. Scheinbar!
Paßt auf, meine Freunde! Ihr habt vielleicht in der Schule von der Entstehung der Welt gehört, vom Urknall, vom Urschleim, wie alles glühte, sich zu drehen begann und in Millionen Jahren zu unserem Kosmos wurde. Ich habe das auch in der Schule gelernt, wie die Urnebel sich drehten.
Damals, als uns das gelehrt wurde, fragte ein Mädchen aus der Klasse: »Herr Lehrer, wer hat gedreht?« Darauf konnte der Lehrer

keine Antwort geben.
Wer hat gedreht? Die Atheisten müssen glauben, daß die Schöpfung ein Zufallsprodukt ist. In einer Gottlosenversammlung wurde nach dem Vortrag zur Diskussion aufgerufen. Ein Mann brachte dem Redner eine Zigarrenkiste und sagte: »Ich bin Uhrmacher. In dieser Kiste ist eine ganze Uhr, in alle Teile zerlegt. Bitte, schütteln Sie die Kiste solange, bis die Uhr wieder fertig ist.« Der Redner war verdutzt und schüttelte hilflos den Kopf. Der Uhrmacher zog mit seinem Kästchen ab und sagte: »Gell, da brauchen Sie den Meister?« Gell, da braucht man einen Meister! Es ist absurd, anzunehmen, daß der präzise Lauf der Gestirne und die Gesetzmäßigkeit, mit der die Zellen sich teilen und wachsen, ohne Meister zustande gekommen sei. Die Gottlosen müssen viel mehr glauben als wir, wenn wir bekennen: Wir haben einen Herrn!
Und nun kommen wir zu einer neuen, überraschenden Einsicht. Wir können Gott nicht beweisen, aber wir dürfen ihn bezeugen. Die Heilige Schrift bezeugt Gott auf dreierlei Weise. Sie lobt ihn als den Schöpfer Himmels und der Erde. Die Psalmen sind voll vom Lob des Schöpfers. Bei den Propheten, etwa bei dem zweiten Jesaja, wächst dieses Lob zu hymnischer Schönheit. Diesem Lob schließt sich die Gemeinde an.
Mit naturwissenschaftlichen Fragen habe ich mich viel beschäftigt. Ich habe ja eine Ausbildung als Chemielaborant und wollte dieses Fach studieren. Natürlich gibt uns die Erdgeschichte zu denken. Der Mensch hat eine Geschichte; siehe den Neandertaler. Vielleicht gab es doch den großen Urknall; das ist mir egal, solange der Schöpfer nicht geleugnet wird.
Als damals die ersten Kosmonauten losflogen, ich glaube, es waren die Russen, da fragten wir uns im Konfirmandenunterricht, ob die da oben noch das Vaterunser beten könnten. Natürlich, sagten sie schließlich, das ist ja alles Gottes Schöpfung. Und wenn sie bis hinter die letzte Milchstraße fliegen, sie können immer noch die Hände falten und sprechen: Vater unser, der du bist im Himmel.
Weiter bezeugt die Bibel unseren Herrn als den Gott Israels.
Im vergangenen Jahr war ich in Hebron und stand vor dem Sarkophag mit der Inschrift: Abraham, unser Vater. Es begann schon vor ihm, bekam aber mit Abraham Offenbarungscharakter. Er be-

zeugt ihn, hat ihn gehört, hat gesehen, hat Gottes Wirklichkeit erlebt. Aus Abraham, Isaak und Jakob kommt dann das Volk mit seinen Stämmen. Es ist das erwählte Volk Israel, das er dann unter Moses aus der Knechtschaft Ägyptens befreit und zum gelobten Land führt. Durch die Jahrhunderte lebt Israel von diesem Zeugnis. In diesem Volk ist Gottes Handeln Geschichte geworden — bis heute.

Der Preußenkönig, den wir den Alten Fritz nennen, war ein großer Freigeist. Er soll einmal spöttisch Ziethen, seinen alten General, gefragt haben: »Wie beweist Er mir seinen Gott?« Ziethen antwortete: »Majestät, die Juden!«

Ja, die Juden! Die Kirche muß sich immer neu klar werden, daß sie von Israel nicht loskommt.

Die dritte Bezeugung Gottes in der Bibel lautet: Gott ist der Vater unseres Herrn Jesus Christus. Da steht ein Mensch, der Mann von Nazareth, mitten unter uns und sagt: »Ich und der Vater sind eins; wer mich sieht, der sieht den Vater.« In IHM kommt uns Gott ganz nah. Jesus bezeugt: »Ich bin der Sohn Gottes!« Da, wo der Sohn wirkt, ist auch der Vater.

Meine Freunde! Wir Christen dürfen diese dreifache Bezeugung des lebendigen Gottes glaubend in unser Leben hineinnehmen. Wir haben keine wissenschaftlichen Beweise, aber ein klares Zeugnis aus vieler Zeugen Mund. Wir sind Glieder der Kirche, die allein von diesem Zeugnis lebt.

Nun spricht er: »Ich will allein euer Gott sein. Ihr sollt keine anderen Götter neben mir haben.« Gott ist eifersüchtig darauf bedacht, mit niemandem seine Stellung zu teilen. Hat Gott das überhaupt nötig? Fürchtet er die Konkurrenz? Keineswegs! Die Götzen und andere Gebilde, die seinen Namen tragen möchten, sind in der Bibel keine Macht. Bei Jesaja werden sie einmal genannt »Elilim«, d. h. Nichtse, aufgeblasene Ballons, die platzen, wenn man hineinsticht. Puff, weg sind sie! Es ist nichts mit den anderen Göttern, den Götzen. Warum will er dann, daß wir sie nicht neben uns haben?

Er will auch nicht, daß wir Bilder von ihnen machen. Ich war vor Jahren auf der Insel Java und bestieg den Borobudur. Er soll der größte Tempel der Welt sein mit hunderten von Götterbildern als

Reliefe oder Statuen. Auf Bali ging ich in die Götzentempel, in Singapur beobachtete ich einen alten Chinesen, der andächtig vor einem vergoldeten Bild betete.
Nein, sagt der heilige Gott. Meine Gemeinde soll sie nicht neben mir haben.
Hier entsteht die Frage, ob unsere Kirche das noch predigt auf ökumenischen Tagungen, bei der Begegnung mit Ausländern aus Asien und Afrika. Rufen wir es noch klar in diese Welt hinein: Du sollst keine anderen Götter haben neben mir?
Um alles in der Welt, warum will Gott das denn?
Er will es um unsretwillen. Weil er uns lieb hat. Es gibt nun doch die mächtige Gegenkraft, die uns beherrschen möchte. Wer sich fremden Kräften und einer anderen Macht ausliefert, der ist versklavt, der ist nicht mehr frei.
Wer nicht durch Gottes Herrschaft frei wird, gerät in die Knechtschaft der Götzen, der vielgestaltigen bösen Mächte, die in der Bibel auch »Fürsten dieser Welt« genannt werden.
Ich will eine Geschichte erzählen. Vielleicht ist sie nur gut erfunden. Die Sache soll sich in Afrika zugetragen haben.
Ein weißer Farmer lebte völlig allein mit seinen schwarzen Mitarbeitern. Jeden Morgen teilte er auf der Plantage die Arbeit ein. An einem Morgen erschien er aber nicht. Die Schwarzen waren ratlos. Was ist mit unserem Boß? Schließlich gingen sie ins Haus und fanden ihn tot auf dem Bett. Sie mußten ihn begraben, standen aber vor einem Problem. In ihrem Stamm war es Sitte, den Toten ihren Götzen aufs Grab zu stellen. Wo war der Gott des weißen Mannes? Sie hielten ein langes Schauri, das ist eine Besprechung, und kamen auf die Idee, ihm eine Whiskyflasche aufs Grab zu stellen. Die hatten sie immer bei ihm gesehen. Sie mußte wohl sein Gott gewesen sein.
Was würden diese Afrikaner uns aufs Grab stellen?
Woran hängt unser Herz, wonach sehnen wir uns am meisten? Wir verehren keine Ölgötzen, aber können von unheimlichen Mächten versklavt sein.
In der letzten Zeit wird viel von Emanzipation und von der Selbstverwirklichung des Menschen gesprochen. Das ist nichts Neues, das ist eine alte Jacke. Seit Adam und Eva, seit Prometheus, will

der Mensch sich gern von Gott lösen, keinen über sich haben. Das führt aber zur Knechtschaft.
Ich weiß es aus langjähriger Seelsorgearbeit, vor allem an jungen Menschen: Ohne die Herrschaft Gottes ist das Leben ohne Kraft und ohne Ziel. Freiheit, wahre Freiheit, gibt es nur unter diesem Herrn.
Die Bibel sagt: Wen der Sohn frei macht, der ist recht frei.
Gelobt sei Gott! Wir sind keine herrenlosen Geschöpfe.
Wir haben einen Herrn!

Lieber Karl-Michael!
Gerade habe ich mich mit Deinen Gedanken zum ersten Gebot beschäftigt und möchte Dir für Deine Eindeutigkeit danken.
Wie kommt es, daß die Menschen in unserem Land heute so wenig von den Zehn Geboten halten?
— Was ist geschehen, seit 1945?
— Wie kommt der Werte- und Normenverfall zustande?
— Weshalb gelten die Zehn Gebote heute so wenig?
Fragen über Fragen! Noch eine Generation zuvor waren die Zehn Gebote so wichtig, daß sie selbst für das Grundgesetz der Bundesrepublik Deutschland richtungweisend waren.
Haben wir uns so im Rausch der Freiheit und des Konsums verloren, daß wir glauben, wirklich frei zu sein? Muß unser Volk erst wieder ganz neu das Elend kennenlernen, wie etwa 1945 nach dem verlorenen Krieg, als wir nicht wußten, was wir essen sollten. Unsere Häuser waren zerstört, und Millionen Menschen in der ganzen Welt befanden sich in Kriegsgefangenschaft! Werden wir uns erst wieder auf Gott und seine Ordnungen besinnen, wenn wir aus eigener Kraft nicht mehr in der Lage sind, das Leben zu meistern?
Wer aufmerksam Geschichte studiert, wird eines immer wieder entdecken: Wenn es den Menschen gutgeht, werden sie übermütig. Sie wollen sein wie Gott! Haben wir denn seit Adam und Eva nichts dazugelernt? Die Vertreibung aus dem Paradies ist die größte Katastrophe der Menschheitsgeschichte! Erst wollten wir sein wie Gott! Jetzt haben wir tatsächlich die Möglichkeit, ohne Gott zu leben!
Eines aber sollten wir nie vergessen: Nachdem Gott sein: »Adam, wo bist du?«, sein »Mensch, wo bist Du?«, gerufen hatte, wurden wir in die Freiheit zu uns selbst entlassen! Wozu aber hat denn diese Freiheit geführt? Als Gott sich wieder in die Geschichte der Menschen hineinmeldet, zeigt dieser Ruf eine einzige Katastrophe an: »Kain, wo ist dein Bruder Abel?« Vom Anfang der Menschheitsgeschichte an hat die Gottlosigkeit des Menschen nur eines bewirkt: Es hat ein Machtkampf um das Überleben begonnen. Das Herrschaftsprinzip setzt sich voll durch! Das reicht von Kain, über die Kreuzzüge, bis zum Holocaust und zum Krieg der Sterne in unseren Tagen. Die Rückbesinnung auf das erste Gebot ist eine

Überlebensfrage für die ganze Welt! Wer mit seinem Leben und dem Leben ganzer Völker nicht mehr Gott verantwortlich ist, der kann tatsächlich machen was er will!
Gerade muß ich an ein Erlebnis denken, das ich mit Pfarrer Walter Oelschner hatte: Wir waren von N-kongsamba aus mit unseren Landrovern tief in den Busch von Kamerun in Afrika aufgebrochen. Wir hatten zusammen eine Leprakolonie besucht. Abseits allen Stammeslebens wohnten hier Menschen zusammen, die von dieser furchtbaren Geißel befallen waren. Hände oder Füße waren einfach abgefault. Manch einem fehlte ein Teil seines Gesichtes. Wo wir hinsahen, sahen wir unbeschreibliches Elend. Und doch fiel uns eines auf: Es waren fröhliche Menschen! Bei den meisten war die Krankheit zum Stillstand gekommen, konnte aber jederzeit wieder ausbrechen.
Als wir dieses Elend sahen, wollten wir den Menschen dort eine Krankenstation schenken. Und dann kam das für einen aufgeklärten Mitteleuropäer Undenkbare: Sie wollten keine Krankenstation, sie wollten ein Dach für ihre Kirche! Jahr um Jahr hatten sie in der Trockenheit mit ihren zerstörten Händen und Armstümpfen aus Lehm Steine zum Bau der Kirche geformt und in der Sonne getrocknet. Sie hatten die Wände aufgerichtet und versucht, ein Dach zu konstruieren. Aber sie hatten es nicht geschafft. Der große Regen kam und alles war zu Ende. Die Wände fielen in sich zusammen. Zurück blieb brauner Schlamm. Wir waren damals erschüttert!
Erst eine Kirche — und dann eine Krankenstation, damit hatten wir nicht gerechnet! Ich höre einen Aufschrei durch die ganze Republik gehen. Wie kann man nur so weltfremd sein? Manchmal denke ich an den Satz in der Heiligen Schrift: »Was hilft es dem Menschen, wenn er die ganze Welt gewinnt — und nimmt doch Schaden an seiner Seele. Ich denke oft darüber nach, wer mehr von der eigentlichen Wahrheit des Lebens begriffen hat. Die Menschen dort im Busch oder wir hier in der westlichen Hemisphäre, die wir in der Funktionalität unserer Welt fast zu ersticken drohen. Unsere Welt ist so steril geworden, daß da kein Platz mehr für ein Abenteuer zu sein scheint.
Vor einigen Monaten war ich im Weltraummuseum in Washington

D.C. Was gab es da alles an technischen Wunderwerken zu sehen! Da war die »Spirit of St. Louis«, mit der Charles Lindbergh als erster über den großen Teich geflogen kam, die Apollo-Kapseln, Weltraumlabore, Raketen und alles was sich sonst noch von der Erde in die Luft erhoben hat, ausgestellt. Plötzlich mußte ich an die Begegnung der beiden Menschen denken, die als erste im Weltraum waren. Juri Alexejewitsch Gagarin, der Russe, und John Glenn, der Amerikaner, trafen sich bei einem Kongreß in New York. Sagt Gagarin zu Glenn: Ich habe Gott nirgends gefunden im Weltraum. Glenn antwortete: Ich auch nicht. — Pause — Dann: Ich habe ihn dort allerdings auch gar nicht gesucht!

Wann werden wir ganz neu begreifen, daß uns unser Hochmut Gott gegenüber in die Irre führt? Gott ist weder ein ferner Nebel noch eine nebelhafte Ferne, wie Wilhelm Busch es einmal gesagt hat. Welch ein Schlüssel steckt in der Antwort von John Glenn: Ich habe ihn da draußen im Weltall auch gar nicht gesucht. — John Glenn wußte, daß Gott nicht irgendwo war. Er wußte, Gott ist überall, in der nähesten Nähe und auch in der fernsten Ferne.

Alle, die das Reden von Gott in den Bereich des Mythos oder in die Märchenwelt vergangener Zeiten abschieben, müssen sich etwas fragen lassen: Wollen wir wirklich klüger sein, als die moderne Naturwissenschaft? Albert Einstein hat herausgefunden, daß die Wirklichkeit mehr ist als Raum und Zeit. Er hat festgestellt: Mit jedem gelösten Problem stehen wir vor zehn neuen, bisher nicht gekannten Problemen. Seine Erkenntnis gipfelt in dem Satz: Je mehr wir erfahren, je weniger wissen wir. Raum und Zeit, das ist der ganze Kosmos und die Geschichte. Sie sind aber nicht das Ganze, sondern nur Teil eines größeren Ganzen, das wir noch gar nicht kennen.

Dieses größere Ganze ist dem menschlichen Zugriff verborgen. Es ist verborgen, obwohl es unmittelbar um uns herum geschieht. Einstein gibt uns einen Hinweis darauf, daß das menschliche Denken und Wahrnehmen auf die vier Dimensionen Länge — Breite — Höhe und Zeit begrenzt ist. Die Wirklichkeit aber hat nicht nur diese vier, sondern unendlich viele Dimensionen. Wer dies fassen kann, der fasse es.

Lieber Karl-Michael, Du hast recht: Es gehört mehr Glaube dazu,

nicht an Gott zu glauben, als die Menschen wahrhaben wollen. Gott ist unserem analytischen Denken verborgen. Saint Exupéry ruft uns im »Kleinen Prinzen« zu: »Das Wesentliche ist den Augen verborgen; man sieht nur mit dem Herzen gut.«
Unser sturer Blick in den Himmel hat den Himmel entmythologisiert. Er hat dazu geführt, daß wir vor lauter Milchstraßensystemen keinen Gott mehr sehen konnten! Noch einmal John Glenn: »Ich habe ihn dort allerdings auch gar nicht gesucht.«
Vielleicht kann uns die englische Sprache etwas weiter helfen. Der Engländer hat für das Wort »Himmel« zwei Begriffe: »sky« und »heaven«. Er hat schon immer zwischen dem »Himmel der Sterne« und dem »Ort des Glaubens«, dem Ort, in dem Gottes Wirklichkeit ist, unterschieden.
Ob wir es, frei nach Einstein, so sagen können: »Gott ist die Dimension, die alle weltlichen Dimensionen durchdringt?« Gott ist unmittelbar neben uns! Er ist der Schöpfer Himmels und der Erde, der gleichzeitig unser Bruder ist. Er ist unter uns in dem Herren unseres Lebens, in Jesus Christus, der sich am Kreuz unter alle Lasten unseres Lebens beugt. Er ist in uns, als der Heilige Geist, der unser Leben erfüllt und uns durch die Geschichte bis hin zur Ewigkeit führt!
Die Frage wird bleiben: Welchem Geist wollen wir uns öffnen? Dem Geist des lebendigen Gottes oder all den vielen geistigen Mächtigkeiten, die es in dieser Welt gibt? Der Geist Gottes führt uns zum Leben! Die geistigen Mächtigkeiten dieser Welt führen uns nur in den Zerbruch unseres Lebens. Und wenn sie noch so großartiges Leben versprechen, am Ende steht unerbittlich der Tod, der kein Leben gibt, aber alles Leben sinnlos werden läßt. Jeder Gedanke, den wir denken, jede von diesen Gedanken bestimmte Handlung in unserem Leben, ist von einer geistigen Vorentscheidung bestimmt. Es ist also eine alles entscheidende Frage: Von woher wird mein Denken und Handeln bestimmt?
In unserer Zeit wird das Gebot: »Ich bin der Herr, dein Gott, du sollst nicht andere Götter haben neben mir.« auch unter Christen oft reduziert auf den religiösen Raum. Gott ist zuständig für Vergebung, Gnade, Liebe und Barmherzigkeit. Er ist so etwas wie eine geistliche Lebensversicherung und vor allem zuständig für das Le-

ben nach dem Tode. Dieses Gebot aber will etwas Totales, Uneingeschränktes zur Geltung bringen. Gott gibt seine Zuständigkeit für das ganze Leben, die Schöpfung, Sein oder Nichtsein des Menschen bekannt.

Die Schöpfungsberichte im Alten Testament geben hier unmißverständlich Auskunft. Viele Menschen unserer Zeit sehen die moderne Naturwissenschaft im Widerspruch zu den biblischen Aussagen. Der Fehler liegt aber gar nicht an der Bibel. Der Fehler liegt an unserem falschen Verständnis der biblischen Berichte. Die Schöpfungsberichte sind nicht an der naturwissenschaftlichen Frage interessiert. Sie sind rückwärts gewandte Prophetie. Gott offenbarte den Menschen damals in Bildern Wahrheit. Ohne diese Bilder hätten die Menschen niemals verstanden, wie die Schöpfung entstanden ist. Welche Theorie von der Entstehung der Welt sich eines Tages als richtig erweisen wird, wissen wir nicht. Eines aber wissen wir: Der Kosmos, die Welt und wir Menschen sind Gottes unvergleichliches Werk.

Wo immer wir in diese Welt hineinschauen, treffen wir auf die Ordnungen Gottes. Es ist schon erstaunlich: Überall in der Naturwissenschaft werden diese Ordnungen akzeptiert. Niemand pflanzt in Deutschland auf offenem Feld Tomaten im Dezember. Niemand geht mit einem Bleigürtel schwimmen, es sei denn, er ist Taucher. Niemand wird sich mit einem Rasenmäher rasieren. Nur wenn es um Gott geht, da werden keine Ordnungen akzeptiert. Dabei steht eines fest: Nur wenn ich mich Gott so aussetze, wie Gott es will, erfahre ich, wer Gott ist.

Albert Camus sagte einmal in einem Vortrag: »Ich glaube nicht deshalb nicht an Gott, weil ich wüßte, daß es ihn nicht gibt; ich glaube deshalb nicht an Gott, weil ich niemals den Vorzug hatte, zu erfahren, ob es ihn gibt.« Camus ist ehrlich und spricht sicher vielen Menschen aus dem Herzen. Eines aber hatte Camus und haben viele Menschen in unserer Zeit übersehen: Wir werden Gottes Gegenwart niemals erfahren, wenn wir ihm fordernd gegenübertreten und ihn diskutierend zum Gegenstand unserer Erörterungen machen. Glauben ist und bleibt ein Wagnis! Aber muß nicht nahezu alles im Leben gewagt werden? Carl Benz konnte nicht wissen, was passiert, als er das erste Benzin-Luftgemisch in

seinem Einzylindermotor zündete. Er konnte es nur vermuten. Das Wagnis aber blieb!
Jede Berufswahl ist ein Wagnis! Jede Liebe, aus der eine Beziehung wird, ist ein Wagnis! Selbst wenn ich über die Straße gehe, ist dies ein nicht unerhebliches Wagnis. Wir wagen nahezu alles! Nur den Glauben an den lebendigen Gott, den sollten wir ausgerechnet nicht wagen? Nur wer Schritte des Glaubens wagt, der wird erfahren, wie real die Gegenwart Gottes ist.
Wir haben von den Ordnungen Gottes gesprochen. Martin Luther sagt es mit Paulus (Röm. 10,17) so: »Glaube entsteht aus der Predigt, die Predigt aus dem Wort der Heiligen Schrift!« Es gibt keinen Glauben an der Bibel und am Gebet vorbei! C.G. Jung, der große Psychologe, Mitstreiter und Gegenspieler Sigmund Freuds, sagt einmal: »In jedem Menschen stecken archetypische Fragmente.«
Er meint damit, daß in jedem Mensch u.a. ein religiöses Empfinden aus einer Urzeit erhalten geblieben ist. Wie leicht sind die Menschen gerade in ihrem religiösen Empfinden zu verführen! Hitler und Goebbels haben die Religiosität der Menschen mißbraucht! Der Islam verbraucht die Menschen wie Nummern in einer Kartei! Die neueren religiösen Menschheitsbeglücker, wie Moon, Baghwan und andere lassen uns geradezu jeden Tag neu erkennen, wie Menschen religiös in die Irre geleitet werden können. Es ist nicht nur der »Zauberlehrling«, der dieser Welt zuruft: »Die Geister, die ich rief, die ward ich nicht mehr los.«
Als die Menschen sich jenseits von Eden auf sich selbst gestellt sahen, da hat Gott ihnen dieses religiöse Empfinden gelassen. Es ist wie eine Orientierungshilfe für Leben und Glauben gedacht. Allerdings kann es in grauenhafter Weise mißbraucht werden. Mit irgendeiner Ideologie, Philosophie, oder Religion muß der Mensch dieses Vakuum, das er in sich trägt, füllen.
Gerade die, die meinen, immun zu sein gegen alles Religiöse, sind auf das Höchste gefährdet. Eine Bindung an eine der vielen »Ismen« dieser Welt ist genauso gefährlich, wie die Bindung an eine fehlgeleitete Religion oder an einen oberflächlichen Materialismus.
Die Bibel sagt: »Der im Himmel sitzet, lachet ihrer, ER läßt sich

nicht spotten!«
Gott ruft zur Umkehr. Er sagt uns allen in ganzer Deutlichkeit:

ICH BIN DER HERR, DEIN GOTT —
DU SOLLST NICHT HABEN ANDERE GÖTTER
NEBEN MIR.

Lieber Karl-Michael, es wird Zeit, daß wir den Menschen in unserem Land wieder die Wahrheit sagen.
Dein
Friedrich Meisinger

Bibelstellen zum 1. Gebot

Das ist das ewige Leben, daß sie dich, der du allein wahrer Gott bist, und den du gesandt hast, Jesus Christus, erkennen.
(Joh. 17,3)
Du sollst anbeten Gott, deinen Herrn, und ihm allein dienen.
(Matth. 4,10)
Ich bin der allmächtige Gott; wandle vor mir und sei fromm!
(1. Mose 17,1)
Dein Leben lang habe Gott vor Augen und im Herzen, und hüte dich, daß du in keine Sünde willigst und tust wider Gottes Gebote!
(Tobias 4,6)
Die Furcht des Herrn ist der Weisheit Anfang.
(Psalm 111,10)

Das zweite Gebot

Die Bibel
Du sollst den Namen des Herrn, deines Gottes, nicht mißbrauchen, denn der Herr wird den nicht ungestraft lassen, der seinen Namen mißbraucht. *(2. Mose 20,7)*

Der Katechismus
Du sollst den Namen des Herrn, deines Gottes, nicht unnützlich führen; denn der Herr wird den nicht ungestraft lassen, der seinen Namen mißbraucht.

Was ist das?
Wir sollen Gott fürchten und lieben, daß wir bei seinem Namen nicht fluchen, schwören, zaubern, lügen oder trügen, sondern denselben in allen Nöten anrufen, beten, loben und danken.

Das ist das zweite Gebot nach der Zählung Martin Luthers. Im Heidelberger Katechismus, den die Reformierten benutzen, ist das Bilderverbot Nummer Zwei. Beide Zählarten kommen zum Schluß aber auf die Zehn. Deshalb regt uns dieser Unterschied nicht auf.
Jeder von uns kennt eine Hochspannung. Da hängen Drähte in der Luft, da stehen Masten im Gelände. An ihnen ist ein Schild zu sehen, auf dem wir lesen: Lebensgefahr! Vorsicht Hochspannung! Ein ahnungsloser Betrachter könnte denken: Was ist da gefährlich? Das bißchen Draht, diese magere Stahlkonstruktion! Unter Umständen sieht er einen Vogel auf dem Draht sitzen und verwundert sich noch mehr. Was soll das: Lebensgefahr?
Wir könnten jetzt auch von der Atomkraft sprechen und den drohenden Strahlenschäden. Es gibt unsichtbare, lebensbedrohende Gefahren. Es wird uns gesagt, daß der Mißbrauch des Namens Gottes gefährlicher ist als 10 000 Volt. Wir werden gewarnt: Du

sollst den Namen des Herrn, deines Gottes, nicht mißbrauchen. Vorsicht! Lebensgefahr!
Schon unser eigener Name hat etwas Geheimnisvolles an sich. Er ist ein Stück unseres Wesens. Wir werden nicht numeriert, sondern haben unseren Namen.
Als ich ein kleiner Junge war, riefen sie gelegentlich hinter mir her: Walter sitzt am Schalter mit dem großen Federhalter. Das ärgerte mich. Ich hatte es nicht gern. Jetzt sagt man ab und zu: Mein Gott, Walter. Das muß aus irgendeinem Lied stammen, das schon fast vergessen ist.
Das alles ist aber harmlos gegenüber einem ungeratenen Bengel, der Vaters Scheckbuch aus der Schublade zieht und die Unterschrift sauber nachzeichnet. Das ist Urkundenfälschung, ein Namensmißbrauch, für den man in den Knast kommen kann.
Es war immer besonders eindrucksvoll, wenn ich bei der Taufe eines Kindes fragte: Wie soll das Kindlein heißen? Die Paten nannten die Namen, und ich wiederholte sie: Tanja — Maria, ich taufe dich auf den Namen des Vaters und des Sohnes und des Heiligen Geistes. Das ist keine feierliche Zeremonie! In der Taufe wird der Name eines kleinen Menschenkindes mit dem Namen Gottes zusammengeknotet und in das Licht der Ewigkeit gestellt. Alle diese Überlegungen waren nötig, um verständlich zu machen, welche Hochspannung hinter dem Namen Gottes steht.
Die Bibel kennt verschiedene Bezeichnungen Gottes. In ihnen wird er mehr umschrieben als genannt. Auch damals, als Mose vor dem feurigen Busch stand und die heiligen Buchstaben hörte, geschah die Offenbarung des Namens Gottes so, daß er sich zugleich wieder verbarg. Jahwe ist sein Name. Das bedeutet: Ich bin, der ich bin. Man kann auch sagen: Der Seiende, der Existierende. Er ist der Gott, der da war, der da ist und der da kommt. Ist das ein richtiger Name? Ja und nein. Es ist ein Name, der über alle Namen ist und doch unverfügbar bleiben will. Ihn dürfen wir nicht mißbrauchen. Achtung, Hochspannung!
Es gibt den schleichenden Mißbrauch des Namens Gottes. Wir Pfarrer gehen berufsmäßig mit dem Namen Gottes um. Wir stehen an den Gräbern, segnen junge Paare ein, taufen, konfirmieren, predigen noch und noch. Für einen Verkündiger ist es wichtig,

sich immer neu Rechenschaft darüber abzulegen, was er mit dem Namen Gottes treibt. Er kann leicht diesem Gebot verfallen.
Als junger Mann war ich in einem Missionshaus. Dort ging es sehr fromm zu. In unsere Umgangssprache hatten sich einige fatale Gewohnheiten eingeschlichen. Ununterbrochen wurde gesagt: Dem Herrn befohlen, so der Herr will, dem Herrn sei's gedankt. Wir sprachen die Sprache Kanaans. Keiner kam auf die Idee zu fragen, ob wir nicht den Namen Gottes gröblich mißbrauchten. Einer der Brüder sagte oft: Der Herr wird's versehen. So wie die Tibetaner ihre Gebetsmühlen drehen, wurde hier der Name Gottes entleert, zur bloßen Worthülse gemacht. Hüten wir uns vor dem frommen Mißbrauch des heiligen Namens!
Aber es gibt auch das andere: Einige Male habe ich in einer Fernsehsendung schon gehört: Ihr Wort in Gottes Ohr. Das klingt originell, ist aber Mißbrauch. Da ruft einer: Herr Jemine! Wißt Ihr was das bedeutet? Herr Jesus, Domine.
Wie oft hört man: Ach Gott, ach Gott! Machen wir einen neuen, heiligen Bund! Jeder von uns ist verpflichtet, sich selbst und andere vor einem schleichenden Mißbrauch des Namens Gottes zu schützen.
Mir kommt ein Erlebnis in den Sinn. Ich bin kein besonders guter Autofahrer. Ich fahre einen gemütlichen Rentnerstil. Die Grünen würden ihre helle Freude an meiner Fahrweise haben. Nicht aber jener helle Wagen, der auf einer Gebirgsstraße hinter mir her war. Der junge Mann am Steuer wollte überholen und konnte nicht. Er hupte und zappelte aufgeregt hin und her, bis ich endlich Platz machen konnte. Als er an mir vorbeischnurrte, las ich auf seiner Heckscheibe: Auch du brauchst Jesus. Da wurde ich wütend. Ist das nicht auch Mißbrauch des heiligen Namens, wenn man für Jesus wirbt wie für ein Waschmittel?
Luther sagt in der Auslegung des zweiten Gebotes, daß wir beim Namen Gottes nicht fluchen, schwören, zaubern, lügen oder trügen sollen.
Da tut sich ein weites Feld auf. Da haut sich einer auf den Finger und ruft: Gott, verdamm mich! Zwei streiten sich und einer ruft: Dich soll der Teufel holen! Was tun die? Der eine bittet Gott, er möge ihn verdammen, der andere wünscht seinen Gegner in die

Hölle.
Wie steht es mit dem Schwören vor Gericht? Wo wird noch gezaubert mit Kaffeesatz und Pendel, mit dem sechsten Buch Mose oder moderner erscheinenden Teufeleien?
Die Gemeinde der Christen muß hier wachsam sein und nicht zulassen, daß der Name Gottes mißbraucht wird, nicht durch frommes Geschwätz, nicht durch fluchen, schwören, zaubern, lügen oder trügen.
Aber wir sollen den Namen Gottes recht gebrauchen. Unsere Bundespost wirbt mit dem Spruch: Ruf mal an! Damit ermuntert sie Menschen, ihre Telefonkosten zu erhöhen. Es gibt Leute, die rufen gern zur unpassenden Zeit an und ärgern uns.
Stellt euch vor, auch Gott wirbt um uns und sagt: Ruf mal an! Christen dürfen mit Gott sprechen. Bei ihm ist nie Unzeit, er ärgert sich nicht. Rufe mich an in der Not, so will ich dich erretten und du sollst mich preisen, heißt es im Psalm. Wir dürfen seinen Namen verherrlichen, beten, loben und danken.
Ich erzähle Ihnen jetzt von einer Gebetserhörung, die sich anhört wie eine gut erfundene Geschichte, aber genau so passiert ist. Ich bezeuge es.
Im Missionshaus war ich ziemlich arm dran mit Geld. Wochenlang hatte ich keinen Pfennig in der Tasche. Wir waren eine Glaubensmission. Da gabs nichts. Man mußte alles von Gott erwarten, durfte nicht bei Menschen bitten. Wir brauchten für den griechischen Unterricht eine Grammatik. Die kostete fünf Mark. Ein Bruder hatte die Bücher für die ganze Klasse besorgt und wollte nun kassieren. Ich hatte das Geld nicht und vertröstete ihn. Ich betete um die fünf Mark. Sie kamen nicht. Ich hielt Gott alle seine Verheißungen vor, es regte sich nichts. Meine Mutter schickte mir von Zeit zu Zeit einen Karton mit Wäsche. Ich schickte ihr das schmutzige Zeug und erhielt es gewaschen, geflickt und gebügelt zurück. Manchmal lag im Karton ein Brief, manchmal waren es ein paar Plätzchen. Eines Tages schrieb die Mutter: Hast du im letzten Karton das Eingewickelte nicht gefunden? Meine Freunde, ich war kein ordentlicher Junggeselle. Packpapier und Kartons schob ich unters Bett, um es bei Gelegenheit in dem kleinen Kanonenofen zu verbrennen.

Nun aber sauste ich unters Bett, wühlte das Altpapier hervor und fand im Karton, in der untersten Ecke, in Seidenpapier eingewickelt- ein Fünfmarkstück!
Drei Wochen lang hatte ich um die fünf Mark gebetet, drei Wochen lagen sie unter meinem Bett.
Seitdem weiß ich es und habe es hundertmal erfahren: Es lohnt sich, den Namen Gottes anzurufen. Beten ist keine Selbstbeschwichtigung, sondern der heiße Draht zwischen Gott und seinen Kindern.
Calvin wurde einmal gefragt: Wozu ist der Mensch da, wozu die ganze Schöpfung. Der Reformator soll geantwortet haben: »Zur Ehre Gottes.«
Christsein bedeutet, mit seinem Leben im Alltag und im Gottesdienst allein die Ehre Gottes zu suchen und seinen heiligen Namen zu preisen.
Damals im Dritten Reich, als man uns jungen Christen einreden wollte, wir seien keine guten Deutschen, wir wären Schädlinge und Volksverräter, da erhielten wir ein Lied, das wir trotzig und glaubend immer wieder sangen:
»Jesus Christus, König und Herr, dein ist das Reich, die Macht, die Ehr, gilt kein andrer Name heut und ewig, Amen!«
Gilt kein andrer Name! Diesen Namen dürfen wir anrufen und preisen in Ewigkeit.
Ob jemand dazu neuen Mut findet?

Liebe Edith!
Wenn wir über das zweite Gebot miteinander nachdenken, dann sehen wir sehr oft nur das »Verbot« vor uns, das uns den falschen Umgang mit dem Namen Gottes verbietet. Wir wollen heute einen entscheidenden Schritt weitergehen, in dem wir nicht mehr nur danach fragen, was uns verboten ist, sondern, wir wollen nach der Chance fragen, die Gott uns hier angeboten hat. Es geht um die richtige, angstfreie Anrede, die wir Gott gegenüber gebrauchen dürfen.

Gott hat sich nicht als der große Schweiger, sondern als der Redende und Handelnde in dieser Welt erwiesen. Die Welt dagegen macht viele Worte und hat doch immer weniger zu den Problemen der Menschen von heute zu sagen. Die Nachrichten der »Tagesschau« oder im »Heute-Journal« beschäftigen sich unentwegt mit den Katastrophen dieser Welt. In Bildern und vielen Worten werden die Weltereignisse Abend für Abend in die bundesdeutschen Wohnzimmer überspielt. Immer mehr Menschen begreifen, daß trotz aller Anstrengungen der Mächtigen dieser Erde die Katastrophen nicht abnehmen, sondern sich kontinuierlich steigern. Die Welt leidet an einer Inflation der Worte. Bei keinem anderen Problem wird dies deutlicher, als bei den unentwegten Stellungnahmen zum Thema Frieden. Alle reden vom Frieden und doch wird immer mehr hochgerüstet. Die ganze Welt arbeitet mit Hochdruck an ihrem Untergang.

Die Sprachlosigkeit unserer Zeit ist fast unüberbietbar geworden. Dagegen setzt Gott eine einzige Chance: Wir dürfen ihn anrufen und mit ihm reden. Von ihm, als dem Geber aller Gaben, bekommen wir Weisung für unser Leben. Die einzige Alternative zum Untergang dieser Welt ist die Rückbesinnung auf den, der alles geschaffen hat, was in dieser Welt an Qualität, Lebensraum und Entfaltungsmöglichkeiten vorhanden ist. Der Umgang mit dem zweiten Gebot will uns eine neue Sprachfähigkeit schenken. Wir sind wieder in der Lage, mit Gott zu reden, weil Gott sein Schweigen gebrochen hat.

Um die Lage zu verdeutlichen, sei noch einmal auf die Gesamtproblematik hingewiesen: Der Mensch hat keine Antwort auf die großen Fragen dieser Weltgeschichte. Weder die Leid-, noch die

Not-, noch die Todesfrage wird geklärt. Schuld wird nach Kräften wegpsychologisiert. Das Wort Sünde darf nicht mehr gebraucht werden, weil der Mensch instinktiv erkennt, daß er sich dann wieder Gott selbst zuwenden muß. Aber auch die Frage nach der Trauer- und Liebesfähigkeit des Menschen wird von den Soziologen unserer Tage nur noch problematisiert, aber nicht mehr beantwortet.

Der Einzige, der redet, ist Gott! Er hat Worte des Friedens, der Liebe, der Barmherzigkeit. Einem Sünder, der Buße tut, wird Vergebung zugesprochen; ein ungeliebter Mensch erfährt die unübertroffene Liebe, die Gott ihm am Kreuz entgegengebracht hat. Wenn der Mensch sich Gott zuwendet, erfährt er den Ort, an dem die Unbehaustheit des Menschen zur Ruhe kommt. Auch dieses soziologische Schlagwort von der »Unbehaustheit« des Menschen, drückt ja sehr viel mehr aus, als wir auf den ersten Blick wahrnehmen können. Immer mehr Menschen haben kein Zuhause mehr, kommen nicht mehr zur Ruhe, wissen nicht, wohin sie gehören und wozu sie überhaupt leben. Sie sind bei sich selbst zu Gast und doch ohne Heimat geblieben. Die Grenze des Schweigens zwischen Gott und den Menschen ist dichter als die Berliner Mauer oder jede Umzäunung eines Hochsicherheitsgefängnisses. Mit der Vertreibung aus dem Paradies hat Gott die Grenze zwischen Himmel und Erde dicht gemacht. Und doch bleibt uns diese einzigartige Möglichkeit erhalten: Wo immer wir den Namen Gottes in der Anbetung, im Danken, aber auch in der Fürbitte anrufen, da wird unsere Sprachlosigkeit verwandelt. Unsere Ansprache wird nicht in der Eiseskälte des Weltraumes zur Bedeutungslosigkeit zerstrahlen. Gott wird auf seine Weise antworten. Wie wichtig unser Reden mit Gott ist, will ich an einigen Beispielen klar machen:

Eine Nachricht ging durch die Tageszeitungen, die für einen kurzen Augenblick so manchen Leser erschütterte. Auf der wunderschönen Nordseeinsel Borkum waren die Urlauber plötzlich aus ihrer Sommeridylle aufgeschreckt worden. Was war passiert? Drei junge Männer sind durch das Wattenmeer bei Ebbe spazierengegangen und haben das entdeckt, was so mancher Borkum-Besucher schon hat sehen können. Das große transatlantische Te-

lefonkabel liegt frei vor allen Augen am Rande der Insel. Es wird von schweren Ketten festgehalten. Diese Ketten sind nötig, damit das Kabel bei Flut nicht von den Wellen mitgerissen wird.
Die drei Freunde sind übermütig und versuchen, miteinander die Kette hochzustemmen. Sie wollen feststellen, wer von ihnen der Größte, der Stärkste, der Pfiffigste ist. Einer ruft dem anderen zu: »Laßt es uns doch einmal mit den Füßen probieren! »Kaum ist dieser Wunsch geäußert, stecken sie ihre Gummischuhe in die schweren Kettenglieder und versuchen, die Kette gemeinsam mit den Füßen hochzuheben. Voll Freude stellen sie fest, daß ihnen diese Mutprobe gelingt. Auf Kommando ziehen sie alle ihre Schuhe wieder aus den Kettengliedern heraus. Es scheint zu gelingen. Und dann stellen sie mit Entsetzen fest, daß ein Schuh nicht mehr aus der Kette herauszubekommen ist. Der Fuß, der in diesem Schuh steckt, ist durch die unmäßige Anstrengung so angeschwollen, daß es einfach nicht gelingt, den Schuh aus der Kette zu bringen. Alle verzweifelten Bemühungen, den Fuß aus dem Schuh zu ziehen, schlagen ebenfalls fehl. Am Anfang machen sie noch Witze, und dann wird es bitterernst: Die Flut kommt. Mit Mühe und Not können sich die beiden anderen Freunde ans Ufer retten, doch der junge Mann, dessen Fuß in der Kette steckt, wird von der Flut überrollt. Sein Leben ist zu Ende. —
Ich möchte Dir eine ganz persönliche Frage stellen. An wieviel Mutproben bist Du in Deinem Leben beteiligt? Wie viele Ketten halten Dich so gefangen, daß Du im entscheidenden Augenblick Deines Lebens keinen Ausweg mehr weißt?
Wir müssen das klären, bevor die Fluten unseres Lebens kommen. Was hat uns Gott gegenüber so sprachlos gemacht? Ist es der Geiz? Ist es die Lieblosigkeit? Sind wir gebunden an Nikotin, an Alkohol, an Drogen? Hängt sich unser Haus, unser Beruf, unser Auto, unser Besitz wie ein Bleigewicht an uns? Treibt uns die sexuelle Begierde von einer Bindung in die nächste?
Ich habe nichts gegen Beruf, Haus, Auto, Besitz, auch nichts gegen das Rauchen oder die Sexualität gesagt! Gott hat die schönen Dinge des Lebens doch nicht nur für die Nichtchristen geschaffen! Für alle, die es hören wollen: Gott gönnt uns das Leben! Gott gönnt uns das ganze Leben ganz! Er ist nicht ein Geizhals, der uns

tröpfchenweise ein wenig Leben zukommen läßt. In der Heiligen Schrift steht der Satz: »Ihr werdet ein voll gedrückt und gerüttelt Maß bekommen.«

Zu einer erfüllten Liebe gehört die Sexualität dazu. Ein Familienvater hat selbstverständlich dafür zu sorgen, daß die Familie in Geborgenheit heranwachsen kann. Der ältere Mensch kann nicht erst nach der Pensionierung überlegen, wie er seinen Lebensabend sichert. Der Schlüssel liegt an andere Stelle. Paulus sagt: »Haben, als hätten wir nicht!« Wehe aber, wenn unser Leben bestimmt wird von Nikotin, Alkohol, Besitz, Auto oder zügelloser Sexualität! Wehe, wenn alles, was zum Leben dazugehört oder dazugehören könnte, schon unser Leben ist. Dann sind wir hineinverwoben in die Sprachlosigkeit dieser Welt. Wo immer Menschen ihr Leben leben, ohne daß sie nach dem Geber allen Lebens fragen, verstricken sie sich in Ketten der Selbstgerechtigkeit, der Eigenliebe und der Schuld. Sie müssen ohne Zweifel damit rechnen, daß sie eines Tages von den Fluten erreicht werden, die es in dieser Welt überreichlich gibt. Solche Menschen werden depressiv, neurotisch, kurz gesagt, in ihrer Seele krank. Ganz zu schweigen davon, daß ein solcher Mensch in den letzten Augenblicken seines Lebens erkennen muß, daß alles sinnlos gewesen ist.

Die Heilige Schrift ruft uns zu: Wen der Sohn freimacht, den macht er recht frei. Gottes Reden hat die Welt wieder erreicht. In seinem Sohn setzt Gott ein Zeichen, das die Sprachlosigkeit dieser Welt überwindet. Das Kreuz ist keine himmlische Tragödie, den Menschen zum Schauspiel aufgeführt. Am Kreuz redet Gott die deutlichste Sprache, die jemals in der Weltgeschichte gesprochen wurde.

Jesus Christus ist in die Welt gekommen, um unsere Fesseln zu sprengen. Kein Mensch muß mehr wie dieser verzweifelte Mann auf Borkum warten, bis die Fluten über ihm zusammenschlagen. Was immer auch in unserem Leben schiefgegangen ist, wie immer wir auch versucht haben, Gott zu hintergehen: der Mann am Kreuz ist die Antwort Gottes auf unsere Schuld und unser Versagen. Wir müssen nicht in die Aussichtslosigkeit eines herantobenden Flutengebrülls unsere Not sinnlos hineinschreien. Uns sitzt nicht als letzter Geselle das grauenhafte Nichts gegenüber, wie es

Hemingway einmal ausgedrückt hat. Der gekreuzigte Gott spricht eine klare Sprache. Seine Liebe zu uns ist so groß, daß jeder Mensch, der ihn anruft, damit rechnen darf, daß Jesus alle Ketten aller Schuld dieser Welt zu vernichten in der Lage ist. Auch in unserem Leben wird unweigerlich die Flut kommen! Warten wir nicht, bis es zu spät ist!

Über einige Jahrzehnte hinweg hab ich nicht vergessen können, wie eindringlich der Nachrichtensprecher in den Siebenuhrnachrichten morgens in der Frühe bekanntgab: In Ludwigshafen ist heute morgen in einem bedeutenden Chemieunternehmen eine große Explosion erfolgt.

Welch eine Dramatik verbirgt sich hinter einer solchen Fünfundzwanzigsekundennachricht. Später habe ich in einem Buch eine ganze Geschichte über diese unheimlichen fünfundzwanzig Sekunden gelesen. Die Rettungsmannschaften sind in Ludwigshafen aus den Betten gesprungen. Während sie nach oft trainiertem Einsatzplan zu ihren Fahrzeugen eilen, wird über den Lautsprecher Giftalarm gegeben. Alle wissen, daß sie sich jetzt in diese Hölle hineinwagen müssen, damit ungezählte Menschen am Leben bleiben können. Sie wissen auch, wenn sie mit ihren Lastzügen über einen gewissen Punkt hinweggefahren sind, dann gibt es kein Zurück mehr. Dann werden sie die ersten Opfer der Giftkatastrophe. Es muß ihnen gelingen, den Zug mit den hochexplosiven Chemikalien aus dem Bereich des Brandherdes herauszufahren.

Manch einer der Feuerwehrleute denkt daran, jetzt schnell umzukehren und zu verschwinden. Das eigene Leben wäre noch zu retten. Tausende von Menschen werden dann aber sterben. Der Einsatzbefehl ist gegeben! Der kritische Punkt ist längst erreicht! Der Schritt über die Linie ist gewagt, das Feuer hat den letzten Waggon fast schon erreicht! Sie haben alles gewagt, und sie haben alles gewonnen! In letzter Sekunde ziehen sie die Waggons aus dem Gefahrenherd heraus! Es kommt auf den richtigen Schritt in die richtige Richtung an!

Diese zweite Geschichte will uns etwas deutlich machen. Als Gott zu reden anfing, hörten die Hirten auf dem Felde die Worte aus der Ewigkeit: Schalom — Friede sei mit euch!

Als Gott zu reden anfing, ist sein Frieden in der Welt angekommen. Unsere Aufgabe ist es nun, die selbstgemachten Sicherheiten unseres Lebens aufzugeben und ein Wagnis zu beginnen. So wie die Feuerwehrleute die Giftkatastrophe nicht hätten verhindern können, ohne daß sie die Linie ihrer eigenen Sicherheit überschritten haben, so sind wir heute aufgefordert, unsere selbstgemachten Sicherheiten zu verlassen. Golgatha ist nicht nur ein kleiner Hügel vor den Toren Jerusalems, er ist der Treffpunkt Gottes mit der Welt. Sicher, es ist ein Wagnis, Jesus Christus zu vertrauen, daß er mehr kann als alle Psychologen, Psychagogen und Psychotherapeuten zusammen. Aber es lohnt sich, dieses Wagnis einzugehen.

Unser ganzes Leben wird von Wagnisstrukturen beherrscht. Wir wagen es, zur Schule zu gehen, ohne zu wissen, ob wir den Abschluß schaffen. Wir ergreifen einen Beruf, ohne zu wissen, ob er uns einmal Freude machen wird. Wir lieben einen Menschen, ohne zu wissen, ob am Ende unserer Tage diese Liebe tragfähig sein wird.

Nur wer mit Gott etwas wagt, wird ihn als den befreienden, die Kette der Schuld zerreißenden, liebenden Gott erfahren. Gottes Reden ist unüberhörbar. Er wartet auf Antwort.

Die Wagentrecks der weißen Siedler waren lange durch den wilden Westen gezogen. Immer mehr mußte sich der rote Mann in seinen angestammten Jagdgebieten bedrängt fühlen und zurückziehen. Zum Schluß blieben ihm nur noch einige wenige zugewiesene Bezirke und Reservate. Doch immer neue Trecks weißer Siedler zogen auch in diese Reservate hinein. Frech hat man sich genommen, was man gebrauchen konnte. Was interessieren schon die Regierungsdekrete aus dem fernen Washington. Die weißen Eroberer gingen ruppig und unbeherrscht, unfreundlich und manchmal auch bösartig mit den Indianern um! Nur eine Familie bildete eine Ausnahme. Sie war freundlich, hilfsbereit, gütig und gab gerne ab, was sie entbehren konnten!

Eines Tages beschlossen die Indianer, sich zu wehren. Sie wollten den Tod der Eindringlinge. Nur die eine Familie sollte überleben! Der Häuptling ritt zu der Familie. Mit vielen Gesten und in wortreicher Sprache bewegte er die Siedler zum Aufbruch!

Aber sie verstehen seine Sprache nicht. Da packt der Häuptling

das spielende Kind der Familie und stürmt aus der Blockhütte hinaus! Eine Schrecksekunde lang verschlägt es allen den Atem. Dann jagt die ganze Familie mit Waffen in der Hand dem Häuptling hinterher! Er eilt allen weit voraus. Erst oben an der Bergspitze läßt er sich fangen! Unverletzt erhalten sie ihr Kind zurück. Einer aus der Familie ist so wütend, daß er sein Gewehr auf den Häuptling anlegt. Da reckt dieser Häuptling seine Gestalt zu voller Größe empor und weist mit weit ausgestreckter Hand hinunter ins Tal. Alle sehen hinunter... Das ganze Tal brennt!
Plötzlich erkennen sie: Was so schrecklich aussah, die Entführung des Kindes, hat ihnen allen das Leben gerettet! Wie oft fragen wir uns: Warum ist dieses oder jenes in unserem Leben geschehen? Könnte es sein, daß Gott uns erst in der harten Sprache des Leides ansprechen muß, bevor wir erkennen, daß wir in den Ketten unserer Schuld zugrundegehen? Wir sollen bereit sein, den Schritt auf das Kreuz von Golgatha zu zu machen, damit Jesus uns unsere Schuld vergeben kann?
Verstehe mich bitte nicht falsch: Gott ist nicht für all unser Leid verantwortlich! Und dennoch gibt es Situationen, wo uns Gott geradezu in das Leid hineinführen muß, damit wir nicht auf ewig verlorengehen! Nicht alles Leid dieser Welt darf Gott unterstellt werden. Er ist nicht der Weltpolizist Nr. 1. Viele Dinge sind von uns Menschen selbst zu verantworten. Und dennoch kann es sein, daß Gott, damit ein Mensch nicht ewig in den Fluten der Schuld untergehen muß, eine harte Sprache redet. Sind denn solche Umwege nötig? Ich glaube nicht, daß Gott sie gehen möchte! Und dennoch sehe ich an der Geschichte des Volkes Israel einen wichtigen Hinweis. Wo immer das Volk sich in Fesseln der Schuld verstrickt hatte, wo immer es die Götzen angebetet hatte, da hat Gott eingegriffen. Damit sein Volk nicht für immer verlorengehen mußte, hat er es lieber aus dem gelobten Land in die Verbannung, in den fernen Irak, abtransportieren lassen. Es ist schon erschreckend, daß sie erst an den Ufern von Euphrat und Tigris im fernen Babylon wieder fromm geworden sind. Hier haben sie Gott neu angebetet.
Er will, daß alle Menschen gerettet werden und keiner am Ende seines Lebens von den Fluten überrollt wird. Wenn er selbst so

weit gegangen ist, das Leben seines eigenen Sohnes für uns dahinzugeben, wie kommen wir auf den Gedanken, daß er nicht alles einsetzen wird, damit wir nicht auf ewig verlorengehen?
Gott hat die Sprachlosigkeit der Welt durch sein Wort überwunden. Rufen wir ihn an, wo immer wir Gedanken des Lobes und der Anbetung in uns verspüren. Rufen wir ihn auch an, wo immer wir Vergebung unserer Schuld erfahren möchten. Rufen wir ihn an, wo immer wir für uns oder andere etwas zu erbitten haben.
Er wird auf seine Weise antworten. Wie, das wird nicht katalogisierbar sein; aber er wird antworten, das ist gewiß! So wünsche ich uns, daß wir nie mehr den Namen Gottes mißbrauchen. Ich wünsche uns aber auch die herrliche Gewißheit, daß wir seinen Namen anrufen dürfen, wo immer wir es mit innerem Ernst und mit Freude tun wollen.
Herzlichst Dein
Friedrich Meisinger

Bibelstellen zum 2. Gebot

Eure Rede sei: Ja — Ja; nein — nein. Was darüber ist, das ist vom Übel.
(Matth. 5, 37)
Rufe mich an in der Not, so will ich dich erretten, und du sollst mich preisen.
(Psalm 50,15)
Der Herr ist nahe allen, die ihn anrufen, allen, die ihn ernstlich anrufen.
(Psalm 145, 18)

Das dritte Gebot

Die Bibel
Gedenke des Sabbattages, daß du ihn heiligst. Sechs Tage sollst du arbeiten und alle deine Dinge beschicken; aber am siebten Tag ist der Sabbat des Herrn, deines Gottes; da sollst du kein Werk tun, noch dein Sohn, noch deine Tochter, noch dein Knecht, noch deine Magd, noch dein Vieh, noch dein Fremdling, der in deinen Toren ist. Denn in sechs Tagen hat der Herr Himmel und Erde gemacht und das Meer und alles, was darinnen ist, und ruhte am siebten Tag. Darum segnete der Herr den Sabbattag und heiligte ihn. (2. Mose 20, 8 — 11)

Der Katechismus
Du sollst den Feiertag heiligen.

Was ist das?
Wir sollen Gott fürchten und lieben, daß wir die Predigt und sein Wort nicht verachten, sondern dasselbe heilig halten, gerne hören und lernen.

Meine Freunde! Eine der beliebtesten Redensarten ist: Ich habe keine Zeit. Da klagen die Kinder: Mutti hat keine Zeit. Da klagt die Frau: Mein Mann hat nie Zeit für mich. Auf diese Redensart setzt der heilige Gott heute seine Botschaft: Du hast Zeit. Ich habe sie dir gegeben. Es ist meine Zeit. Du mußt sie mir einmal zurückgeben. Unsere Zeit währt nach Gottes Willen siebzig Jahre und wenn es hoch kommt, achtzig Jahre. Für manche ist die Zeit noch länger, für viele ist sie kürzer. In Afrika und im Fernen Osten, wo ich mich als Missionsmann umschaute, ist die Lebenserwartung der Menschen wesentlich kürzer, bei 55 Jahren durchschnittlich. Es war für mich immer bewegend, wenn man mir Sterbeurkunden brachte. Der genaue Zeitpunkt der Geburt und der des Todes war

dort eingetragen. Zwischen diesen beiden Punkten liegt unsere Zeit. Es gibt Gegenden in der Welt, die einen anderen Zeitbegriff als wir haben. In Afrika ist es zum Beispiel schwierig, den Leuten klar zu machen, daß der Gottesdienst um zehn Uhr beginnt. Ha, da konnte man was erleben! Die kamen noch fröhlich um elf Uhr anmarschiert. Diese Leute richten sich nach der Sonne, nach Erscheinungen in der Natur, sie haben einen mehr zyklischen Zeitbegriff. Da dreht sich alles in ewigem Kreislauf. Das Leben erscheint wie ein Karussell oder eine Spirale mit steigenden Ringen. Leben ist eine stete Wiederkehr.
Die Bibel hat einen anderen Zeitbegriff. Er ist linear und hat einen Anfang und ein Ende. Zwischen Anfang und Ende liegt die Zeit. Man kann sie berechnen, man lernt auf die Uhr zu gucken und im Kalender nachzusehen. Meine Freunde, daß wir nur genau hinhören! Die Zeit, die uns, unserem Volk, dieser Welt gegeben ist, eilt auf ein Ende zu. Sie kommt vom Anfang her und wird nicht haltmachen, bis sie am Ziel ist.
Deswegen ist es auch mit dem Sterben so erschütternd. Seht, da wird millionenfach gestorben, aber gewöhnt haben wir uns daran keineswegs. Es ist nicht so, wie manche Beerdigungsschwätzer uns weismachen wollen, daß der Mensch dem Rhythmus der Natur unterworfen sei, in der es blüht und fruchtbar wird. Im Herbst fällt dann das bunte Laub ab, der Schnee bedeckt es, und im Frühling gehts von vorne los.
So ist es mit uns nicht. Wenn wir am Ende sind, dann ist Schluß. Unsere Zeit ist abgelaufen. Der Herr fordert sie von uns zurück und will Rechenschaft über unsere Jahre und Tage, bis auf die letzte Minute.
Es war für mich damals ein großes Erlebnis, als ich in Basel Professor Oscar Cullmann in seiner Vorlesung: »Christus und die Zeit« hörte. Alles, was die sogenannte Existenzphilosophie, ich nenne die Namen Heidegger und Jaspers, über das Zeitproblem gedacht hatte, setzte Cullmann in Theologie um.
Lassen Sie uns in seinem Sinn ein Experiment machen. Es ist jetzt 8.23 Uhr am 5. März. Die nächste Minute ist noch Zukunft. So, jetzt ist es 8.24 Uhr. Diese eine Minute ist für ewig vergangen. Sie wird nie wiederkommen. Um neun Uhr wird diese Stunde, die wir

um acht Uhr begannen, für ewig zu Ende sein. Gegenwart gibt es eigentlich gar nicht bei dieser Überlegung. Da kommt eine Sekunde auf uns zu, ist noch Zukunft, und schon kippt sie um und ist Vergangenheit. Richtig Gegenwart ist sie nicht gewesen.

Meine Freunde, es sollte uns jetzt noch wichtiger geworden sein, unsere Zeit im Lichte Gottes zu sehen.

Dieser Gott sagt uns: Sechs Tage sollst du arbeiten. Du sollst deine Zeit mit Tätigkeit füllen. Gott will keine Faulenzer oder Däumchendreher, die auf Kosten anderer leben. Im Neuen Testament wird es der jungen Christengemeinde klar gesagt: Schafft mit euren Händen etwas Gutes. Die Bibel kennt keine Freizeitgesellschaft. In der letzten Zeit wird bei uns öfter von einer »Theologie der Armut« gesprochen. Dabei wird so getan, als ob Jesus sich nur an Proleten und Wohlfahrtsempfänger gewandt habe. So stimmt das nicht. Sein Evangelium galt allen. Nikodemus wird kein Hungerleider gewesen sein, die Purpurkrämerin Lydia war nicht arm, der Hauptmann Cornelius war Gehaltsempfänger. Den Wohlhabenden fiel es natürlich schwerer, das Evangelium anzunehmen, aber verschlossen war es ihnen nicht. Und die Armen, die in die Gemeinde kamen, blieben sie noch lange arm?

Eine rechte Gemeinde wird brüderlich teilen. Wer fleißig arbeitet, bleibt nicht ohne Erfolg. Ich war als junger Mann ein halbes Jahr arbeitslos und bekam 15 Mark Stempelgeld. Arbeit gab es jedoch genug. Bei der Mutter im Garten, bei Nachhilfestunden, beim Bauern auf dem Feld. Im Juli war ich tagelang in den Wäldern, suchte Heidelbeeren und verkaufte sie für 50 Pfennig je Pfund. Heute hätte ich gern einen Arbeitslosen als Helfer im Garten gegen guten Lohn, fand aber noch keinen.

Wenn Gott sagt: Sechs Tage sollst du arbeiten, muß dann nicht jeder sechs Tage arbeiten können?

Gibt es von diesem Wort her nicht ein Recht auf Arbeit? Alle Kräfte unseres Volkes müssen darauf gerichtet sein, jedem seine Arbeit zu geben. Ich träumte letztens von einer neuen Jugendbewegung, von den »Waldläufern«. Da gingen freiwillig junge Leute in die Wälder und halfen den Förstern, den Wald gesund zu machen. Aber es war nur ein Traum.

Im Kampf zur Überwindung der Arbeitslosigkeit müssen die

Christen vorn stehen. Denn Gott sagt: Sechs Tage sollst du arbeiten.
Vor Jahren sahen wir am 1. Mai das schöne Plakat mit dem Kind auf Vaters Arm und der Unterschrift: Am Samstag gehört Papa mir. Wie lange ist das schon her, daß die Gewerkschaft für die 40 Stundenwoche kämpfte! Die 35 Stunden werden auch kommen, aber unser Gottesgebot nicht berühren. Wer in der Freizeit einen Karnickelstall baut oder Kompost mischt, der arbeitet ja auch.
Nun müssen wir aber endlich zum Sonntag kommen!
Am siebten Tage sollst du ruhen. So will es der heilige Gott. Warum will er es? Damit die Ewigkeit in unsere Zeit kommen kann. Wir haben über die Zeit gesprochen. Wir haben auf die Uhr geguckt, aber wir müssen auch einen Zustand denken können, wo es keine Zeit gibt, wo Ewigkeit ist. Gott hat keine Uhr. Bei ihm vergeht keine Zeit, da ist kein Anfang und kein Ende.
Am siebten Tag soll das geschehen, was wir so gerne singen: Ewigkeit, in die Zeit, leuchte hell hinein. Das Sabbatgebot ist dazu eine soziale Errungenschaft ersten Grades. Gott hat dieses Gebot verfügt, ehe es Gewerkschaften gab. Er rammt es wie einen Pfeiler in die Erde und sagt: Ich will, daß ihr ruht. Ich will, daß dein Vieh sich ausruht, die müden Zugstiere, die geplagten Esel. Ich will, daß deine Sklaven und Sklavinnen ausruhen. Auch der Fremdling, der bei dir zu Gast ist, soll keine Hand rühren. Ich will das, weil ich selbst geruht habe, als alles fertig war. Ich habe Feierabend gemacht nach den sechs Tagen der Erschaffung allen Seins. Von dieser paradiesischen Herrlichkeit, von der Feierabendruhe unseres Gottes soll etwas in jeden Sonntag strahlen, in unseren Sabbat. Israel hatte neben dem Sabbat noch das Sabbatjahr. Alle sieben Jahre sollten die Äcker brach liegen. Ja, da war noch das große Halljahr vorgesehen. Alle sieben mal sieben Jahre sollten Schulden erlassen werden, Sklaven frei und Hypotheken gelöscht werden. Das Halljahr ist in Israel nicht konsequent durchgeführt worden. Aber welch sozialer Entwurf liegt allein in diesem Plan!
In Israel wurde der Sabbat aber dann durch das Gesetz zerstört. Immer komplizierter und zahlreicher wurden die Sabbatgebote. Ein einfacher Mann vom Lande konnte sie gar nicht halten. Von den Juden, die unter uns wohnten, wurde gesagt, daß sie christli-

che Nachbarn bitten mußten, ihnen das Licht anzuknipsen und Feuer zu machen. Sie selbst durften es nicht.
Aus dem, was nach Gottes Absicht eine Wohltat sein sollte, wurde ein starres Gitter von Gesetzen. Deshalb wandte sich Jesus gegen die Verfälschung des Sabbats und verkündigte: Der Menschensohn ist ein Herr auch über den Sabbat. Deshalb war es legitim, daß die Christen ihren Sabbat einen Tag nach dem jüdischen Ruhetag hielten. Es entstand der Sonntag als Erinnerung an die paradiesische Ruhe nach der Schöpfung, aber auch ein kleines Osterfest.
Aber, meine Freunde, was haben wir aus dem Sonntag gemacht? Woher kommt das Wort vom »blauen Montag«? Wann sind die meisten Verkehrsunfälle? Ich wette, daß es Leute gibt, die am Sonntagabend mehr kaputt sind als von der Arbeit einer ganzen Woche.
Die Mitte des Sonntags ist der Gottesdienst. In unseren Gottesdiensten sollen wir die Luft der Ewigkeit atmen. Da sollen wir einen Vorgeschmack bekommen von der Herrlichkeit in Gottes Reich. Wir müssen den Sonntag wieder neu entdecken. Laßt uns Sonntagsleute werden!
Ich hatte mal ein ökumenisches Austauschprogramm mit einer reformierten Gemeinde in Holland. Da kamen die Holländer zu uns und die Gastgeber hatten sich tolle Sonntagsprogramme ausgedacht. Aber die Holländer weigerten sich. Als man sie fragte, was sie zu Hause am Sonntag täten, kam die Antwort: Wij rusten — wir ruhen.
Wenn wir einig sind über den Gottesdienst als Mittelpunkt des Sonntags, dann können wir auch über Spiel und Sport reden, über das Wandern und auch über notwendige Sonntagsarbeit. Aus einem Nachbardorf hier im Hanauer Land wurde mir erzählt, daß bei der Heuernte, als ein Gewitter drohte, der Pfarrer den Gottesdienst verschob, selbst mit ins Feld ging und erst, nachdem die Fuder im Trockenen standen, die Glocken läuten ließ.
Ich habe aber auch Freunde im Bentheimer Land, oben an der holländischen Grenze, die sonntags nie auf Feld oder Wiese gingen und dabei gesegnet wurden.
Und nun noch ein Wort an uns Grauköpfe, die altgewordenen. Wer von uns über siebzig Jahre alt ist, hat in seinem Leben zehn Jahre

Sonntag gehabt. Das war eine großartige Chance, sich auf den Feierabend vorzubereiten, auf einen glückerfüllten Ruhestand. Es wurde einmal gestritten, was schöner sei, der Sonnenaufgang oder der Sonnenuntergang. Wir Alten erleben den Sonnenuntergang und wissen: Es geht mit uns nicht bergab, sondern bergauf, dem Gipfel entgegen, dem ewigen Sonntag, dem Feierabend bei Gott. Wir wollen Sonntagsleute werden!

Lieber Manfred!
Laß mich die Gedanken über die Zeit, die Walter Oelschner ausgeführt hat, noch ein wenig aufgreifen. Gott hat uns den Zugang zur Ewigkeit genommen und hat uns dafür die Zeit gegeben. Die Zeit, die wir haben, ist ein kostbares Gut. Irgendwann in unserem Leben haben wir eine entscheidende Entdeckung gemacht: Die Zeit ist eben wie die Zeit ist, sie zerrinnt uns zwischen den Fingern. Sieht es gerade noch so aus, als hätten wir ein unerschöpfliches Potential an Zeit, merken wir plötzlich: Sie wird nicht mehr, sie wird weniger. Sekunde um Sekunde, Minute um Minute, Stunde um Stunde, Tag um Tag, Woche um Woche, Monat um Monat, Jahr um Jahr, wird das Leben nicht mehr, es wird weniger, nimmt ab, vergeht, ist wie ein Haschen nach Wind. Mir scheint es so, als hätte Gott den Menschen mit Absicht die Zeit gegeben. Die Vergänglichkeit unseres Lebens soll uns in eine neue Nachdenklichkeit führen.
Wir haben uns so in dieser Welt zur Ruhe gesetzt, als wäre hier schon die Ewigkeit angebrochen. Gott macht uns mit jedem vergangenen Tag darauf aufmerksam: Das Entscheidende kommt noch! Der Ort, in dem die Zeit keine Rolle mehr spielt, ist von uns noch nicht erreicht. Hier in dieser Welt leben wir unser Leben als Vorbereitung auf etwas, das noch kommt! Die Bibel sagt: Wir haben hier keine bleibende Stadt.
Du hast neulich gefragt, ob es sich denn dann überhaupt noch lohne zu leben? Sollten wir es nicht wie diese Jugendsekte in Südamerika besser machen? Wenn wir uns alle pauschal mit einem Giftbecher von dieser Erde verabschieden würden, hätten wir dann nicht doch den richtigen Weg gewählt? Viele, nicht nur religiös engagierte junge Menschen, denken diese oder ähnliche Gedanken. Hier muß ein eindeutiges Nein gesagt werden. Der Glaube an Gott läßt uns nicht ewigkeitssüchtig werden. Gott selbst hat uns erst in diese Zeit hineingestellt, dann folgt unweigerlich, wenn unsere Zeit erfüllt ist, für jeden die Ewigkeit!
Wenn wir zusammen über Gottes gute Ordnungen für unser Leben nachdenken, entdecken wir zweierlei.
1. Das Gebot vom Feiertag meint unser Leben in der Zeit. Es will uns helfen, unser Leben sinnvoll zu gestalten. Gott ruft uns zu:

»Mach mal Pause!« Wieviele Krankheiten unserer modernen Gesellschaft haben seelische Ursachen. Der Mensch ist gestreßt und gejagt, ohne Pause eilt er durch das Leben. Er muß möglichst viel aus dem Leben herausholen! Dabei ist weniger oft mehr!
Gottes gute Idee mit der Pause muß ganz neu in unserer Wohlstandsgesellschaft eingeübt werden. Wieviele Herzinfarkte und Magengeschwüre könnten vermieden werden. Wieviele Ehen könnten wieder fröhlich und in Liebe gelebt werden, wenn wir mehr Pausen hätten! Kinder fragen nach ihren Eltern — Großeltern nach ihren Enkeln — Freundschaften müssen nicht zerbrechen — Beziehungen bleiben bestehen. Mach mal Pause, heißt: Denk neu nach! Laß Dir neue Impulse schenken! Laß Dir Zeit, alte Beziehungen neu zu entdecken.
2. Das Gebot vom Feiertag meint unser Leben in der Ewigkeit. Gott will nicht nur Gott unseres Lebens am Sonntagmorgen von zehn bis elf Uhr sein! Er will Gott unseres ganzen Lebens sein! Gerade deshalb aber brauchen wir den Sonntag. Der Sonntag ist der Tag des besonderen Gottesdienstes. Gott will Dir dienen, und Du darfst Gott dienen. An diesem Tag solltest Du Muße haben für eine persönliche Begegnung mit Gott. Sein Wort will Dich in der Stillen Zeit, in der Predigt, im Gebet ganz neu erreichen. Hier bekommst Du neue Kraft für das Leben der übrigen sechs Tage.
Was hat das alles mit Ewigkeit zu tun, wirst Du fragen. Sehr viel! Alles, was in Deinem Leben geschieht ist Sekunde um Sekunde nichts anderes, als ein Auf-die-Ewigkeit-Zugehen. Spätestens hier entsteht eine neue Frage: Was ist das eigentlich — Ewigkeit?
Ewigkeit ist der Ort unserer eigentlichen Wirklichkeit. Ewigkeit ist der Ort unseres natürlichen Umgangs mit Gott! Ewigkeit ist der Ort, an dem uns Gott, der Vater, mit seinem Sohn Jesus Christus, in der Gemeinschaft des Heiligen Geistes so begegnet, wie Dir Deine Freunde, Manuel und Wilfried, auf der Straße begegnen. Ewigkeit, ist der Ort, wo die Zeit zeitlos ist. Ewigkeit, ist der Ort ohne Leid, Krankheit, Schmerzen, ohne Tod und Sterben! Ewigkeit: Da kann man lachen, leben, sich freuen, da ist Erfüllung all unserer Hoffnungen! *Da ist Gewißheit!*
Unsere moderne Gesellschaft verdrängt all diese Fragen nach Zeit und Ewigkeit. Sie hat den Sonntag zum arbeitsintensivsten Tag der

Woche gemacht. Die Freizeitindustrie läuft auf Hochtouren. Der geplagte Mitteleuropäer braucht die ganze Woche, um sich vom Wochenende zu erholen. Welch eine Panik entsteht unter den Menschen. Wie soll denn das alles noch bewältigt werden. Fernsehen — non stop auf allen Kanälen, Disko, Theater, Grillparty, Bowling, Klüngel, Open-air-Konzert, Gartenfest, Familienfete, Dampferfahrten, Ausflug-ins-Grüne, usw. usw.

Über der Jagd nach mehr Lebensqualität ist ein totaler Ewigkeitsverlust zu erkennen. Die meisten Menschen stört das nicht. Sie sind zu beschäftigt, um noch einen Gedanken an die Ewigkeit verschwenden zu können! Früher hieß der falsche Satz: »Zeit ist Geld.« Heute ist eine Eskalation der Dummheit entstanden! Heute heißt der total falsche Satz: »Zeit ist Leben.«

Ein Pfarrer wird zu einem Todkranken gerufen. Alle wissen, es geht zu Ende. Die Ärzte, Frau und Kinder, die wenigen Freunde, die Intimfeinde wissen es, sogar der Patient selbst weiß es. Das Urteil ist gesprochen! Die Krankheit hat ihr letztes Stadium erreicht.

Der Pfarrer ist erstaunt: Bisher hat der Patient jede Begegnung mit ihm abgelehnt. Viele Jahre haben sie nur wenige Straßen voneinander entfernt gelebt. Zu einer wirklichen Begegnung ist es niemals gekommen. Plötzlich ist Feiertag, obwohl ein gewöhnlicher Dienstag auf dem Kalender verzeichnet ist. Zeit für Gott ist angebrochen. Als nichts mehr bleibt, da bricht die Frage nach Leben und Sterben, nach Himmel und Hölle, nach Gott als Richter und als Helfer auf.

Der Pfarrer nimmt die Beichte ab, spricht die Vergebung im Namen Jesu zu. Nun ist alles getan. Die Zeit kann zu Ende gehen. Der Tod hat keine Macht mehr über dieses Leben. Das Wunder geschieht: Der Patient wird gesund.

Wochen später trifft ihn der Pfarrer auf der Straße. Voll Freude begrüßt er ihn und lädt ihn ein, den Feiertag zu heiligen. Er bietet ihm den Gottesdienst als Treffpunkt Gottes mit den Menschen an! Der Gesunde lacht: »Ach, Herr Pfarrer, jetzt brauche ich das ganze fromme Getue doch nicht mehr! Jetzt habe ich wieder Zeit zum Leben!« Dem Pfarrer verschlug es die Sprache.

Der Mann hat den Mund noch nicht richtig geschlossen, da sackt

er in sich zusammen. — Herzinfarkt. — Alle Hilfe kommt zu spät. Seine Zeit war in diesem Augenblick zu Ende.
So dramatisch verfährt das Leben nicht immer mit den Menschen. Dennoch, nachdenklich darf uns ein solches Geschehen schon machen. »Unsere Zeit steht in seinen Händen.« Nicht vergessen: Wir haben deshalb Zeit bekommen, damit wir klären können, wo unsere Ewigkeit stattfindet. Bei Gott oder in der Gottesferne, und das nennt die Bibel »Hölle«.
Für heute,
Dein
Friedrich

Bibelstellen zum 3. Gebot

Der Mensch lebt nicht vom Brot allein, sondern von einem jeglichen Wort, das durch den Mund Gottes geht.
(Matth. 4,4)
Selig sind, die das Wort Gottes hören und bewahren.
(Luk. 11,28)
Wo zwei oder drei versammelt sind in meinem Namen, da bin ich mitten unter ihnen.
(Matth. 18,20)
Herr, ich habe lieb die Stätte deines Hauses und den Ort, wo deine Ehre wohnt.
(Psalm 26,8)
Seid aber Täter des Worts und nicht Hörer allein, wodurch ihr euch selbst betrüget.
(Jak. 1,22)

Das vierte Gebot

Die Bibel
Du sollst deinen Vater und deine Mutter ehren, auf daß du lange lebest in dem Lande, das dir der Herr, dein Gott, gibt.
(2. Mose 20,12)

Der Katechismus
Du sollst deinen Vater und deine Mutter ehren, auf daß dir's wohlgehe und du lange lebest auf Erden.

Was ist das?
Wir sollen Gott fürchten und lieben, daß wir unsere Eltern und Herren nicht verachten noch erzürnen, sondern sie in Ehren halten, ihnen dienen, gehorchen, sie lieb und wert haben.

Ich will mit einer selbstgestrickten Geschichte beginnen. Ein Gärtner pflanzte einmal einen Kirschbaum. Er grub das Pflanzloch und schlug dann mit einem schweren Hammer den Pfahl in die Erde. Er setzte den Baum neben den Pfahl, warf gute Komposterde ins Loch, schüttelte das Bäumchen, füllte Erde nach und trat sie fest. Dann nahm er einen Baststrick und band das Bäumchen fest an den Pfahl. Auf einmal begann der Baum zu sprechen. »Au, warum bindest du mich fest und tust mir weh?« Der Gärtner antwortete: »Damit der Sturm dich nicht knickt, damit du gerade wächst«. Dann holte der Gärtner eine Schere und schnitt den Baum zurück, jeden Ast bis auf zwei, drei Augen, die Wassertriebe nahm er ganz weg. »Aua«, schrie der Baum wieder, »warum schneidest du mich? Das tut so weh.« Der Gärtner antwortete: »Damit du eine schöne Krone bekommst und einmal viel Frucht trägst.« Nach einer Weile fragte der Baum den Gärtner noch einmal: »Wie nennt ihr Menschen das, was du an mir getan hast?« Der Gärtner antwortete: »Wir nennen es Erziehung.« Mit dieser Ge-

schichte, die mir einmal kam, als ich einen Kirschbaum pflanzte, stehen wir schon mitten in der Botschaft dieses vierten Gebotes. Aber noch eine zweite Vorüberlegung. Im vorigen Jahr standen wir im Norden Israels an dem guten Zaun bei Metulla. Dieser Zaun schützt Israel, läßt aber die Libanesen durch, die in Israel arbeiten, einkaufen oder zum Arzt wollen. Es ist ein guter Zaun, der schützt und doch durchläßt.
Die Gebote Gottes sind wie ein guter Zaun. Gestern schützte er unsere Zeit, heute die Familie, morgen unser Leben.
Heute hören wir also: Du sollst deinen Vater und deine Mutter ehren. Da gibt es einen Mann; er ist dein Vater. Da gibt es eine Frau; deine Mutter. Sie sind deine parentes, deine Erzeuger. In anderen Sprachen finden wir dieses lateinische Wort wieder; les parents im Französischen, the parents im Englischen. Zu diesen beiden Menschen hast du ein unverlierbares, einmaliges Verhältnis. Aber diese parentes sind auch deine Eltern. Sie sind älter als du und waren vor dir da. Sie geben dir eine Menge mit an Erbgut und Überlieferung, die sie von ihren Eltern und Ahnen erhalten haben, damit die Kinder es weitergeben an Kindeskinder. Ich habe in Afrika Leute getroffen, die ihre längst verstorbenen Ahnen gegenwärtig glauben und die Ungeborenen schon in die Familie hineinnehmen.
Dic Bibel kennt nicht die Mystifizierung der Familie, aber sagt, daß Gott einen guten Zaun bauen will, der die Familie und das Zusammenleben der Generationen schützt.
Im Konfirmandenunterricht wurde mal gefragt, als wir dieses Gebot auslegten: »Herr Pfarrer, mein Vater sitzt im Zuchthaus, muß ich ihn auch ehren?« Antwort: »Ja, er ist dein Vater.« Ein Mädchen sagt: »Wenn Papa Nachtschicht hat, kommt immer ein Onkel zu meiner Mutti. Muß ich sie ehren?« Antwort: »Ja, es ist deine Mutter.« Aus diesem einmaligen Verhältnis zu diesem Mann und zu dieser Frau werden wir nicht entlassen. Aber, was heißt hier eigentlich: Du sollst ehren? Es kann nicht heißen, sie zu verehren, ihnen sklavisch bis ans Lebensende zu gehorchen, oder sie zum Vorbild zu nehmen und bis in die Handbewegung sie nachzuahmen. Wir sind keine Kopien unserer Eltern. Im Hebräischen steht hier ein Wort, das man übersetzen kann: Ihnen das zustehende Gewicht geben, sie in ihrer Stellung bestätigen.

Demnächst kommt das Problem mit der künstlichen Besamung auf uns zu, wie sie schon im Kuhstall geübt wird. Wie wird ein Retortenbaby das vierte Gebot verstehen? Ich möchte diese Entwicklung nicht mehr erleben und rufe zu Gott: »Herr, erbarme dich!«
Es ist üblich, das vierte Gebot hauptsächlich im Blick auf die Kinder auszulegen. Sie werden mit diesem Gebot ermahnt und bedroht. Ist es aber nicht auch ein Gebot für die Eltern?
In der Bibel wird vorausgesetzt, daß die Eltern ihre Kinder ernähren und kleiden. Das tut die Glucke im Hühnerstall mit ihren Küken auch, genauso die Kuh mit ihrem Kalb. Die Eltern sollen ihren Kindern vor allem sagen, was der Herr an Israel getan hat. »So fasset nun diese Worte zu Herzen und lehret sie eure Kinder« sagt die Schrift. Erziehung in biblischer Sicht ist in erster Linie eine Bezeugung des Evangeliums im Elternhaus, nicht durch einen Spruch im Hausflur, sondern durch glaubwürdige Nachfolge im Alltag. Nicht umsonst mahnt der Apostel: Ihr Eltern, reizet eure Kinder nicht zum Zorn.
Den Kindern im Unterricht sagte ich gern: »Für euch sind die Eltern die erste und einzige Autorität. Sie haben euch zu sagen. Ihnen habt ihr zu gehorchen. Niemand anders hat euch etwas zu sagen als Papa und Mama. Niemand darf euch anrühren oder gar hauen. Später wird das anders. Da kommen die Lehrer, der Meister in der Werkstatt, die Polizei und der Staat. Sie alle werden euch etwas sagen und werden nicht so lieb sein wie eure Eltern. So ist das in dieser Welt.
In meiner früheren Gemeinde lebten auf einem kleinen Hof vier Generationen in einem Haus; Urgroßeltern, Großeltern, Kinder und Enkel. Eines Tages kam ich in dieses Haus und hörte schon von weitem ein wüstes Geschrei. Der Urgroßvater, auf die Neunzig zugehend, als er mich gewahr wurde, zeigte auf den Großvater und den Sohn und rief: »Ei, Herr Pfarrer, die Buwe wolle sich nix mehr sage losse.« So geht es nicht! Kinder brauchen freie Entfaltung. Sie sind von Anfang an Persönlichkeiten, nach dem Bilde Gottes geschaffen. Je älter sie werden, desto mehr brauchen sie lockere Leine. Eltern, die ihre Kinder ständig zwingen, dauernd bevormunden und einengen, versündigen sich am vierten Gebot.
Da hat eine Mutter die Uschi, eine fast zwanzigjährige Tochter. Sie

betusselt das Kind ununterbrochen und sitzt auf ihr wie eine Glucke. Eines Tages kommt die Frau heulend angelaufen: »Herr Pfarrer, die Uschi ist fort.« Ich antwortete: »Gott sei Dank, die kommt wieder.« Ich erklärte der Frau, daß ihre Uschi dringend aus dem Haus mußte und gewiß eines Tages in Liebe und Dankbarkeit zur Mutter zurückkommt.

Da wurde vor einiger Zeit von der antiautoritären Erziehung geredet. Ich hatte immer Kindergärten zu beaufsichtigen und eine lebhafte Elternarbeit. Da sagte eine »fortschrittliche« Mutter: »Mein Kind kann tun und lassen, was es will.« »Gut«, antwortete ich, »Sie stehen an der Ampel. Sie ist rot, und Ihr Kind will über die Straße. Lassen Sie es in den Tod rennen oder halten Sie es am Wickel, bis die Ampel grün ist?«

Meine Freunde, autoritär ist man da, wo keine echte Autorität ist. Denken Sie an meine Geschichte vom Kirschbaum. Kinder brauchen einen Halt zum anlehnen, sie müssen gestutzt und beschnitten werden, wenn sie zu einem Baum mit schöner Krone wachsen sollen. Ich komme aus dem nördlichen Ruhrgebiet. Als Schulkinder fuhren wir mal nach Münster und kamen auch in das Rathaus, wo 1648 der Dreißigjährige Krieg beendet wurde. Dort wurde uns ein Kästchen gezeigt, in dem eine verdorrte Menschenhand lag. Sie war im Mittelalter einem Jungen abgehauen worden, der seinen Vater geschlagen hatte. So streng war man damals. In der Bibel liest man: Wer Vater oder Mutter schlägt, der soll des Todes sterben. Das galt in Israel.

Wir brauchen Eltern, die vor Gott stehen und ihre Kinder zu Gott führen. Wir brauchen Schulen mit einem Religionsunterricht, in dem das Evangelium zur Sprache kommt. Wir beten um echte Autorität in Wirtschaft und Staat.

Etwas Großartiges dürfen wir noch zum Schluß sagen: Die Gemeinde ist die Familie Gottes in dieser Welt. Da bekommt man Brüder und Schwestern, mit denen man nicht verwandt ist. Eltern stehen mit ihren Kindern gemeinsam unter dem Kreuz und erleben die Vergebung ihrer Schuld. Da sind Väter keine Paschas mehr, Mütter keine unleidlichen Schreitanten. Da spricht man gemeinsam: Vater unser, der du bist im Himmel.

In der Gemeinde hat auch der Junggeselle seinen Platz und die kin-

derlose Frau. Sie gehören zur Familie und können im Kindergottesdienst oder bei der Leitung einer Jungschar erleben, wie sie auf einmal viele Kinder haben.
Das vierte Gebot enthält die Verheißung: Du wirst bleiben im Lande.
Israel blieb nicht im Lande. Es wurde mehrmals vertrieben. Vor vierzig Jahren konnten Millionen von uns nicht bleiben; sie mußten fliehen.
Wir möchten so gerne bleiben. Aber man wird uns hinaustragen. Bleiben werden wir allein bei Gott. Dort ist unser Erbteil und Ruheplatz.
Bei meiner ersten großen Reise in Afrika, sie ging durch Tanzania, Kenia und Uganda, erlebte ich, daß die Leute mich grüßten mit dem Satz: Jambo mzee! Mir wurde übersetzt: Guten Tag, du Alter. Ich wurde ärgerlich und sagte dem Missionar: »So alt bin ich doch noch nicht.« Dieser erklärte mir, daß die Anrede »Mzee« in Kisuaheli die größte Ehre ist. Kenyatta, der Staatspräsident von Kenia wurde in großer Liebe der »Mzee« genannt; der Alte. Wir tun heute viel für die Alten. Sie werden zu Kaffee und Kuchen eingeladen. Man fährt sie mit dem Bus spazieren und singt ihnen etwas vor. Ich habe nichts gegen die sogenannte Altenbetreuung. Manchmal wäre mir aber lieber, sie würden zu uns sagen: »Jambo mzee«, und uns die Stellung geben, die nach der Bibel die Alten haben sollten. Großväter und Großmütter, eure Heimat ist die Gemeinde, die Familie Gottes. Dort werdet ihr nicht isoliert, sondern erlebt mit Eltern und Kindern, daß Gott in seinem heiligen Gebot einen guten Zaun gebaut hat, der uns alle umschließt.

Liebe Marianne!
Herzlichen Dank für Deinen ehrlichen Brief. Laß uns eines von Anfang an klären: Der Konflikt mit Deinen Eltern ist ganz natürlich. Du mußt Deinen Glauben an Jesus Christus nicht hinterfragen. Die Spannungen, in denen Du gerade lebst, haben zunächst nichts mit Deinem Glauben zu tun.
Es gehört zu jeder gesunden Entwicklung dazu, daß ein junger Mensch sich langsam aus der Nestwärme des Elternhauses löst. Da ist nur ein Problem: Die Eltern können oft gar nicht verstehen, warum der junge Mensch eigene Wege gehen will. Zu Hause ist doch alles prima.
Ich möchte ein Bild gebrauchen: Ein Apfel, der reif geworden ist, will nicht am Baum bleiben. Bei der ersten Gelegenheit macht er sich in Richtung Boden selbständig. Der Apfel weiß, er muß herunter vom Baum, sonst kann er nie einen neuen Apfelbaum zu Wege bringen.
Der alte Baum will dies nicht wahr haben. Wie lange hat er diesen unansehnlichen, grasgrünen Miniapfel ertragen. Und nun strahlt der Apfel mit roten Backen durch die Landschaft; jetzt will der Baum dieses Glanzstück seines Lebens nicht ziehen lassen. Wer kann es dem Baum verdenken?
Der Wissenschaftler Portmann erklärt das Problem so:
Der Mensch ist ein Nesthocker. Wegen eines, wie Portmann meint, extrauterinen Frühjahres braucht der Mensch ein funktionierendes Elternhaus. Was ist damit gemeint: Im Gegensatz zu manchen Tieren wird der Mensch so früh geboren, daß er noch nicht lebensfähig ist. Hieraus ergibt sich eine besonders intensive Beziehung zwischen Eltern und Kind. Wie dem auch immer sei, das Problem liegt jedenfalls offen zu Tage: Ohne die intensive Beziehung, die Deine Eltern Dir geschenkt haben, hättest Du Dich nicht zu dem liebenswerten Menschen entwickeln können, als den ich Dich kennengelernt habe.
Nun aber mußt Du mehr und mehr Deine eigene Identität finden. Das gespannte Verhältnis, das Du in der letzten Zeit zwischen Dir und Deinen Eltern empfindest, der Streit, der immer wieder aufbricht, ist also weniger Sünde als ein normaler Ablöseprozeß. Du mußt diesen Prozeß wollen. Ohne diesen Prozeß wirst Du niemals

erwachsen werden. Wenn Du diesen Prozeß auslassen wolltest, würdest Du niemals bindungsfähig und könntest keine dauerhafte Beziehung zu anderen Menschen aufbauen.
Daß Du über die Situation bedrückt bist, verstehe ich gut. Selbstverständlich mußt Du Dich darum mühen, Deinen Eltern so wenig Kummer wie möglich zu machen. Wo Du schuldig geworden bist, laß Dir von Jesus Christus diese Schuld vergeben. Du wirst dann neue Kraft zum richtigen Umgang mit Deinen Eltern geschenkt bekommen.
Einen wichtigen Hinweis möchte ich Dir geben: Gib Deinen Eltern die Chance zu lernen, Eltern einer erwachsenen Tochter zu werden. Dies benötigt Zeit. Sie haben Dich gerade noch in vielen Dingen versorgt und beraten. Nun müssen sie lernen, daß Du eigene Wege gehst. Sie haben bisher versucht, Dich vor allen Fehlern zu bewahren und zu behüten. Versuche Deinen Eltern verständlich zu machen, daß sie Dir vertrauen können. Zeige ihnen, daß Du das Leben wagen willst, ohne leichtsinnig alle guten Leitsätze ihrer Erziehung über Bord zu werfen.
Es ist in den nächsten Wochen und Monaten besonders wichtig, daß Ihr miteinander im Gespräch bleibt. Halte auch einmal einen Standpunkt Deiner Eltern aus, ohne zu explodieren. Prüfe alles — das Gute aber behalte! Vertritt Deine eigene Meinung argumentativ und begründet. Sollte es zum Streit kommen, habe ein verbindliches Wort. Rechthaberei führt in der Regel zu Zerwürfnissen und Konflikten, die Dir selbst am meisten leid tun. Oft weißt Du gerade dann nicht, wie es weitergehen soll. Die Bibel fordert uns immer wieder zur Liebe auf. Wenn wir selbst Feinde lieben sollen, dann doch erst recht — auch in kritischer Situation — unsere Eltern.
Zum Schluß möchte ich Dir noch von einem persönlichen Erlebnis berichten: Mein Vater war eine starke Persönlichkeit. Er hat immer das Beste für unsere Familie gewollt. Als die Zeit der Ablösung kam, wußten wir beide nicht, was da vor sich ging. Es war dauernd dicke Luft. Manches hat sich im Laufe der Zeit wieder normalisiert. Als ich dann später verheiratet war, konnten wir uns immer besser begegnen.
Viele Jahre später wurde Vater sehr krank. Wir feierten im Kran-

kenhaus mit der ganzen Familie das Abendmahl. Die Operation wurde ausgeführt. Ich habe Vater auf der Intensivstation besucht. Er nahm meine Hände in seine Hände und sagte mir einen unvergeßlichen Satz: »Du bist ja mein Liebster!«

Ich gestehe Dir, liebe Marianne, dieser Satz hat mich tief bewegt. Wenige Tage später ist Vater gestorben. Bei aller Trauer, ich war und bin bis heute getröstet.

Vielleicht hilft es Dir, im Umgang mit Deinen Eltern, daran zu denken: Auch ihre Zeit in dieser Welt wird einmal zu Ende gehen. Liebe mußt Du schenken, solange dazu Zeit ist. An Gräbern versuchst Du es vergebens.

Es ist schon interessant, daß Gott im vierten Gebot das Gelingen unseres eigenen Lebens mit anspricht.

Du sollst Deinen Vater und Deine Mutter ehren, auf daß Du lange lebest in dem Lande, das Dir der Herr, Dein Gott, gibt. Auf die Dauer wird jeder Mensch krank, der unversöhnt mit seinem Ursprung lebt. Die eigene Identität ist letztlich nur in einem versöhnten Verhältnis mit den Eltern zu erlangen.

Während ich diese Zeilen schreibe, sitze ich mittlerweile »auf der anderen Seite«. War ich gerade noch der, der sich selbst vom Elternhaus lösen mußte, erlebe ich nun, wie unsere drei Kinder sich von meiner Frau und mir lösen. Es ist nicht zu fassen: Ab und zu sind die Sätze, die wir zu hören bekommen, fast identisch mit denen, die wir selbst vor fünfundzwanzig Jahren unseren Eltern entgegenhielten. Manche Fehler, so haben wir in der Zwischenzeit entdeckt, konnten wir mit Hilfe unserer Kinder vermeiden.

Ich hoffe, daß Dir dieser Brief ein wenig helfen konnte. Ob ihn Deine Eltern nicht auch einmal lesen sollten?

Mit herzlichem Gruß
Dein
Friedrich

Bibelstellen zum 4. Gebot

Ihr Kinder, seid gehorsam den Eltern in allen Dingen; denn das ist dem Herrn gefällig.
(Kol. 3, 20)
Vor einem grauen Haupt sollst du aufstehen und die Alten ehren.
(3. Mose 19, 32)
Gedenket an eure Lehrer, die euch das Wort Gottes gesagt haben; ihr Ende schauet an, und folget ihrem Glauben nach.
(Hebr. 13, 7)
Jedermann sei untertan der Obrigkeit, die Gewalt über ihn hat. — Denn sie ist Gottes Dienerin, dir zugut, — eine Rächerin zur Strafe für den, der Böses tut.
(Röm. 13, 1 u. 4)
Gebet dem Kaiser, was des Kaisers ist, und Gott, was Gottes ist!
(Matth. 22, 21)
Man muß Gott mehr gehorchen als den Menschen.
(Apg. 5, 29)

Das fünfte Gebot

Die Bibel
Du sollst nicht töten. *(2. Mose 20, 13)*

Der Katechismus
Du sollst nicht töten.

Was ist das?
Wir sollen Gott fürchten und lieben, daß wir unserm Nächsten an seinem Leibe keinen Schaden noch Leid tun, sondern ihm helfen und fördern in allen Leibesnöten.

Lieber Leser!
Es kann sein, daß heute abend ein Mörder vor Ihnen steht. Während der Soldatenzeit hatte ich Glück, bei einer Einheit zu sein, wo nicht geschossen, sondern telefoniert wurde. Gegen Ende des Krieges kamen wir in einem südbelgischen Dorf unter Beschuß durch Partisanen. Sie schossen auf uns aus Kellerlöchern und Fensterluken. In einem Hauseingang sah ich einen jungen Mann, der eine Waffe angelegt hatte und auf mich zielte. Ich riß meine Maschinenpistole hoch und gab auf ihn eine Salve ab. Er stürzte zusammen. Wir mußten weiterflüchten. Ich weiß bis heute nicht, ob ich ihn erschossen habe, ob er nur verwundet war oder sich vielleicht nur zur Tarnung hingeworfen hatte.
Ich weiß, daß mir rechtlich nichts vorgeworfen werden kann. Es war gewiß Notwehr. Aber in meinem Gewissen ist die Frage, ob ich am fünften Gebot schuldig geworden bin, auch nach vierzig Jahren, nicht zur Ruhe gekommen.
Da standen sich zwei junge Männer gegenüber. Sie werden sich ähnlich gesehen haben, die Brüder Kain und Abel. Vielleicht hat Abel den Kain gereizt und gesagt: »Ätsch, mein Feuer brennt viel schöner als deines.« Und dann kam es dazu, daß Kain einen Stein

oder ein Holzstück nahm und auf seinen Bruder so lange einschlug, bis er tot am Boden lag. Die Erde soff zum ersten Mal Menschenblut. Von da ab gab es kein Halten mehr. Das Morden ist in die Welt gekommen wie eine Pest. Als wir 1945 unsere Waffen wegwarfen, da rief mancher: Nie wieder Krieg. Wieviel Millionen sind seit jenen Tagen umgekommen bis zur Stunde?
Aber der heilige Gott sagt: Du sollst nicht töten.
Wenn Sie dieses Gebot im Zusammenhang lesen, wird Ihnen auffallen, daß kurz hinter ihm zu lesen ist: Wer einen Menschen schlägt, daß er stirbt, der soll des Todes sterben. Wer Vater oder Mutter schlägt, der soll des Todes sterben. So geht es weiter. Frevler und Übeltäter mußten in Israel des Todes sterben. Auch der Feind, der Israel verderben wollte, mußte sterben, oft sogar in Jahwes »heiligem Krieg«. Wie lösen wir diesen Gegensatz? Offensichtlich verstand Israel das Gebot so, daß es heißen müßte: Du sollst nicht morden. Unsere Pazifisten, so sehr wir mit ihnen sympathisieren, können sich auf dieses Gebot wohl nicht berufen.
Gott sagt: »Alles Leben kommt von mir. Ich bin die Quelle des Lebens. Ohne mich gibt es Leben nicht. Es ist meine Gabe. Deshalb muß sie geschützt werden.«
Wir wissen, daß Jesus in der Bergpredigt das fünfte Gebot neu auslegt. So hatte es Israel noch nie gehört. Wer zu seinem Bruder sagt: Racha, das heißt: du Tölpel, du Depp, der wird schon an diesem Gebot schuldig. Der Mord beginnt immer in einem bösen Herzen. Lassen Sie uns jetzt einmal ganz ehrlich sein: Wie oft sind wir schon wütend auf einen anderen Menschen gewesen, daß wir ihm am liebsten an die Kehle gesprungen wären? Es gibt Phlegmatiker und Sanftmütige, die sich vielleicht unschuldig wissen, aber es gibt Hitzköpfe und Dickschädel genug, die zugeben müssen: Ja, ich kenne das, ja, ich bin schuldig.
Das fünfte Gebot macht uns unfähig zum Haß und auch zur tödlichen Gleichgültigkeit. Gott schützt das Leben an der Wurzel. Eine weitere Überlegung. Ist es ein Unterschied, ob ich einen Menschen mit tausend Nadelstichen oder mit einem Küchenmesser töte? Kann man nicht einem Menschen ans Leben gehen auf äußerlich harmlose Weise? Einen Mieter kann der Hausbesitzer zu Tode ärgern und umgekehrt. Eine Schwiegermutter kann die Frau ihres

Sohnes langsam kaputt machen und umgekehrt. Ich habe mal einen Mann beerdigt, der von seinem Enkelsohn die Treppe hinuntergestoßen wurde. Er starb nicht an dem Sturz, aber am Gram über diesen ungeratenen Nachwuchs.
Es gibt viele Formen von verstecktem Mord unter uns. Alles was unser Leben bedrängt, was es einengt, ausbeutet oder verkürzt, ist gegen den Willen Gottes, der uns in Jesus zuruft: Ihr sollt leben!
Wie steht es mit dem Selbstmord? Christen sagen Nein. Wir können unser Leben nicht wegwerfen wie einen gebrauchten Schuhkarton. Er gibt es, er nimmt es zu seiner Zeit. Wir sollen aus dem Zug erst aussteigen, wenn er hält und der Schaffner ruft: Endstation. Wir müssen aber barmherzig sein. Ich habe Fälle von Selbstmord erlebt, wo eine Grenze zwischen geistiger Verwirrung und geplanter Tat nicht zu erkennen war. Wir sind keine Richter. Gott richtet allein, auch über Selbstmörder.
Jetzt müssen wir über die Abtreibung sprechen. Ich fahre oft von Wächtersbach-Weilers über den Aufenauer Berg nach Bad Orb. Naturschützer hatten letztens am Straßenrand einen Zaun errichtet, um die wandernden Kröten zu schützen. Es standen auch Warnschilder an der Straße: Achtung Kröten! Den Schutz dieser Tiere halten wir für wichtig, man muß die jungen Naturfreunde loben wegen ihres Krötenzaunes. Wenn aber schon der Schutz dieser Tiere so wichtig ist, müßte dann der Schutz des ungeborenen Lebens nicht noch viel wichtiger sein? Ich meine: Ja. Geburtenbegrenzung ist in der ganzen Welt ein Problem. Ich kann dem Papst mit seiner kategorischen Ablehnung künstlicher Verhütung nicht folgen. Aber wenn Leben im Mutterleib gezeugt ist, dann sagt Gott auch hier: Du sollst nicht töten.
Wir sind deshalb so empfindlich, weil die Tötung »unwerten Lebens« im Hitlerreich uns noch in guter Erinnerung ist. Ich war damals als Soldat in Halle an der Saale, als wir in den Zeitungen auffallend viele gleichartige Todesanzeigen fanden. Wir schnitten sie aus, verglichen sie und kamen zu dem Schluß: In den Anstalten muß etwas Ungeheures geschehen. Das war der erste Holocaust! Christen müssen es laut ausrufen: Man darf einen Embryo nicht wegmachen wie einen Schönheitsfehler.
Wir können jetzt das fünfte Gebot noch einmal abwandeln und sa-

gen: Du sollst nichts kaputtmachen. Christen haben Ehrfurcht vor allem Leben. Sie sind keine Kaputtmacher. Wer willkürlich Blüten abreißt und sie dann zertrampelt, wer Tiere quält und sich daran noch freut, der mordet die gute Schöpfung Gottes. Wir stehen mit allen Grünen und allen Umweltschützern heute vor der großen Aufgabe, unsere Welt zu schützen, die Schöpfung zu bewahren und, wo sie krank geworden ist, sie gesund zu pflegen. Umweltbewußtsein ist übrigens nichts Neues. Ich arbeitete schon um 1930 mit an einem Verfahren zur Befreiung der Abwässer von Phenol. Als Wandervögel stritten wir schon vor fünfzig Jahren gegen die Verschandelung der Landschaft und gegen Natursünder.

Es gibt Leute, die vom fünften Gebot her grundsätzlich keine Tiere töten wollen. Im Missionshaus saß neben mir am Tisch ein Bruder, der keine Blutwurst aß. Ich hatte keine Skrupel und erhielt, wenn die Wurst auf dem Tisch war, seinetwegen eine doppelte Portion.

Wenn ich mir allerdings die Frage stelle, ob ich Metzger sein könnte, wäre die Antwort: Nein. Ich hatte mal eine kleine Hühnerzucht und ließ mir immer Griesbrei kochen, wenn eines von meinen Hühnern geschlachtet wurde.

Aber angenommen, ich müßte mal ein Schwein schlachten. Ich würde mich nicht in blinder Wut auf das Tier stürzen, sondern etwa sagen: »Liebe Wutz, ich muß dich jetzt schlachten. Es wird schnell und schmerzlos gehen und über Braten und Wurst von dir werden sich viele freuen. Es tut mir leid, aber es muß jetzt sein.«

Wie steht es um die Notwehr? Ich hatte einen Mitbruder, der zu den Mennoniten gehörte, jener Freikirche, die streng pazifistisch ist. Die Mennoniten lehnen jeden Waffendienst ab. Als dieser Bruder aus dem Krieg heimkehrte, erzählte er mir, daß er geschossen habe. Er konnte im Konflikt, wo Leben gegen Leben stand, seinen Grundsatz nicht durchhalten.

Was sagen wir zur Notwehr?

In dieser unerlösten Welt wird es immer wieder dazu kommen, daß man zurückschlagen muß. Wenn ein Gangster mein Enkelkind anfaßt, könnte ich passiv danebenstehen? Muß ich nicht das Leben des Kindes schützen? Auch die Polizei muß zurückschlagen können. Wir sind noch nicht im Paradies. Ein Volk muß sich verteidi-

gen können. Wie wäre die Geschichte verlaufen, wenn es die Holländer, Belgier, die Franzosen und Norweger mit den Engländern schon 1940 getan hätten?
Die Todesstrafe lehne ich ab. Es besteht kein zwingender Grund, einen Menschen zu köpfen oder auf den elektrischen Stuhl zu bringen. Ich erinnere mich daran, wie Pfarrer Jürgensmeier von der Haftanstalt in Preungesheim erzählte, daß er Menschen zum Fallbeil begleiten mußte, die nur einen Feindsender im Radio gehört hatten. Bei uns besteht deshalb doppelte Ursache, die Todesstrafe noch nicht einmal zu diskutieren.
Christen sind die wahren Friedensmacher. Letztens kam nach der Predigt ein lebhafter junger Mann zu mir und fragte: »Warum haben Sie nichts über den Frieden gesagt?« »Junger Mann,« antwortete ich, »gerade vor fünf Minuten habe ich Sie mit dem Friedensgruß entlassen.« Das tut die Gemeinde seit Moses und Aaron. Durch den Heiligen Geist schenkt Gott Frieden, der höher ist als alle Vernunft. Die Kirche tut einen umfassenden Friedensdienst, der im friedlosen Herzen des Menschen beginnt und weitergeht bis an das Ende der Welt.
Vielleicht kennen Sie das Theaterstück von Dürrenmatt »Besuch der alten Dame«. Als Begleiter hat die alte Dame zwei Eunuchen, die gleichmäßig trippeln und mit dem Kopf wackeln. Sie sind manipuliert. Sie sind keine richtigen Menschen mehr. Beim fünften Gebot müssen wir auch über die Gentechnologie sprechen, die auf uns zukommt. Du sollst nichts kaputtmachen! sagt Gott. Das gilt auch für die Horrorvision, daß man Menschen produzieren kann, die keine Menschen mehr sind.
Damals bei Kain und Abel floß zum ersten Mal Menschenblut und löste Unheil aus.
Auf Golgatha floß wieder Menschenblut und brachte das Heil. Jesus Christus wurde Opfer eines Justizmordes, aber, indem man ihn verurteilte, vollzog Gott den Plan, durch das Blut eines unschuldigen Lammes die Welt von ihrer Blutschuld zu erlösen. Ich war im vorigen Jahr im Garten Gethsemane bei Jerusalem und sah die alten Olivenbäume. Hier hat Jesus den Vater gebeten, sein Leben zu schonen. Der Vater aber sagte: »Geh hin, mein Kind, und nimm dich an der Kinder, die ich ausgetan zu Straf- und Zornesru-

ten.« Der Sohn antwortete: »Ja, Vater, ja, von Herzensgrund, leg auf, ich will dir's tragen.«

Christen sind Leute, die durch das Blut Jesu frei von Schuld wurden, auch von Blutschuld, die das Gewissen durch Jahrzehnte plagt. In der Gemeinde wird verkündigt: Das Blut Jesu Christi macht euch frei. In Wein und Brot hat sie Anteil an diesem Geheimnis. Wer das erlebt, wird frei zum Schutz von Leben und Schöpfung und erwartet die große Vollendung. In ihr gibt es keine Gewalt mehr, keine Notwehr, sondern den großen Frieden.

Ein Erlebnis zum Schluß. Irgendwo in Frankreich mußte ich mit Leuten meiner Kompanie an einem Einsatz gegen Partisanen teilnehmen. Man teilte uns als Nachrichtenmänner zu harmlosen Sicherungsaufgaben ein. In einem Dorf, das im Sturm genommen wurde, lagen Tote. Ihr Blut floß im Rinnstein. Auf dem Dorfplatz waren etwa zwölf Männer zusammengetrieben. Sie waren waffenlos und behaupteten, Arbeiter in einer Gärtnerei zu sein. Ein hoher SS-Häuptling gab den Befehl: Alle aufhängen! Oberleutnant Vogt, ein junger Pfarrer aus Württemberg, Leiter eines Sturmtrupps, rief mich als Dolmetscher herbei. Wir berieten leise und kamen zu dem Schluß: Der Befehl ist unausführbar. Ich ging zu der Gruppe und sagte: »Ihr seid Partisanen. Das sieht man euch an. Aber dieser Offizier und ich sind Christen und können euch ohne ordentliches Gericht nicht aburteilen. Deshalb sage ich im Namen unseres Herrn Jesus Christus: Lauft!«

Meine Freunde, ihr könnt euch vorstellen, wie die liefen! Es wird viel vom Blutvergießen im Zweiten Weltkrieg gesprochen. Ich möchte Ihnen bezeugen, daß es auch kleine Zeichen der Gerechtigkeit und der Versöhnung unter dem Kreuz gab.

Der heilige Gott spricht: Du sollst nicht töten. Ich lebe, und ihr sollt auch leben.

Lieber Horst!
Wir müssen es lernen, ganz neu unser Leben in Verantwortung vor Gott zu leben. Zu lange haben wir zu sorglos vor uns dahingelebt. Wir haben für unser eigenes Leben und das unserer nahesten und fernsten Nächsten eine hohe Verantwortung von Gott übertragen bekommen.
Du fragst, wie Dich das Gebot: »Du sollst nicht töten«, heute noch betroffen machen kann? Sicher, Du hast noch keinen Menschen umgebracht. Du bist an keiner Waffe ausgebildet. Du hast einen hohen Respekt vor allem Leben.
Laß mich Dich auf eine überraschende Entdeckung aufmerksam machen: Dieses Gebot hat eine zweite Seite. Der Verneinung folgt die Bejahung! Dem »Du sollst nicht töten«, folgt: »Du sollst Dir und den anderen Menschen das Leben gönnen.« Wir sind von Gott nicht nur dazu aufgefordert, niemanden umzubringen. Wir sind dazu aufgefordert, mitzuhelfen, daß das Leben gelingt.
Christen sind Lebensretter auf allen Ebenen. Mitdenken ist erlaubt, handeln ist gefordert, sich-verschenken ist geboten.
Die Welt braucht Menschen, die von Gott zur Liebe befähigt sind:
Menschen, die,
— mit einem wachen Blick durch die Welt gehen,
— die Haß in Frieden verwandeln,
— Zeit für die Einsamen haben,
— Worte für die Stummen finden,
— Aufgaben für die Behinderten entdecken,
— Durchblicke für die Ratlosen ermöglichen.
Die Welt braucht Menschen, die bereit sind zur Nachfolge!
Es gibt viele Weisen, wie Menschen Menschen das Leben ermöglichen. Das kann sehr praktisch werden: Ich fuhr auf der Autobahn. Es war morgens sehr früh. Alles ging gut. Keine besonderen Vorkommnisse. Das Frankfurter Kreuz, die Auffahrt Frankfurt-Süd, lagen hinter mir. Der Tacho stand bei 140 km/h. Bald mußte die Ausfahrt Offenbach vor mir auftauchen.
Eine leichte Rechtskurve lag vor mir. Zwei Lastzüge fuhren dicht hintereinander auf der Normalspur. Gerade hatte ich den ersten Lastzug überholt, da geschah das, wovon jeder Autofahrer Alpträume bekommt. Vor mir taucht ein Auto auf — nicht drüben auf

der Gegenfahrbahn — nein, etwa zweihundertfünfzig Meter vor mir. Im sicheren Glauben, er fahre auf der äußersten, rechten Fahrbahnseite rechts, blinkte mich der aufgebrachte Fahrer mit der Lichthupe an. Wie oft hatte ich die Meldung im Radio verfolgt: Achtung! Geisterfahrer auf der Autobahn zwischen X und Y! Fahren sie rechts auf den Haltestreifen und halten sie an.
Es ist ein Riesenunterschied, ob eine solche Meldung im Rundfunk kommt, oder ob plötzlich ein Geisterfahrer auf Dich zufährt. Links waren die Leitplanken, rechts der Lastzug. Zeit zum Überlegen gab es keine. Wenn sich zwei Objekte mit jeweils über 100 km/h aufeinander zubewegen, dann sind zweihundertfünfzig Meter in wenigen Sekunden überwunden.
Mit einer Vollbremsung bin ich von 140 auf 100 km/h heruntergekommen. Mein Gegenüber hat nicht gebremst. Das Einzige, was er in der Fahrschule gelernt zu haben schien, war, die Lichthupe zu bedienen.
Wären wir mit jeweils 100 km/h ineinandergeknallt, hätte das in etwa die Bedeutung gehabt, als wäre jeder von uns mit 200 km/h wider ein feststehendes Hindernis, wie etwa eine Mauer, gefahren! Es blieben mir Bruchteile von Sekunden, um zu erkennen: Aus! Nichts mehr zu machen! Alles ging viel schneller, als ich es niederschreiben kann.
Der Lastwagenfahrer konnte die Kurve ein wenig früher einsehen. Er riß seinen Lkw auf die Standspur. Instinktiv nahm ich dies wahr und knallte mich an seine linke Seite! In Bruchteilen von Sekunden raste der auf- und abblinkende Geisterfahrer an mir vorüber. Verstehst Du, was ich meine? Dieser Lkw-Fahrer hat den Insassen von beiden Fahrzeugen das Leben gerettet. Ihm wäre da oben in seinem stabilen Führerhaus nichts passiert. Er hat für die anderen Verkehrsteilnehmer mitgedacht. Er hat uns das Leben ermöglicht.
Es gibt viele Gelegenheiten für jeden von uns, anderen das Leben zu gönnen. Nicht jede Geschichte muß gleich so dramatisch sein, wie mein Erlebnis auf der Autobahn. Wie viele Schüler könnten ihren Lehrern das Leben in der Schule erträglicher gestalten. Wie viele Lehrer könnten für ihre Schüler wieder Partner und Freunde werden. Die Zeit der »Fachidioten« ist endgültig vorbei. Wer hilft dem schwangeren Mädchen, dessen Freund davongelaufen ist.

Der Ruf nach einem Verbot der Abtreibung ist leicht in die Welt zu setzen. Gebraucht werden Menschen, die sich in echter Nächstenliebe um die Mutter und das junge Leben kümmern.
Wo sind Menschen, die keinen Rufmord mehr zulassen. Die Bibel sagt: Das Einzige, was erlaubt ist, ist Gutes hinter einem Menschen herzureden. Manche Lieblosigkeit in unseren Familien führt zum heimlichen Sterben der Beziehungen. Die »Alten« möchten alles zementieren. Nichts darf sich verändern. Die »Jungen« denken, mit ihnen beginne die neue Zeit.
In Niedersachsen hat man das Problem vor zweitausend Jahren ‚humaner' gelöst, als dies heute in der Industriegesellschaft Westdeutschlands geschieht: Einmal im Jahr mußten die Alten auf die Bäume klettern. Die Jungen durften schütteln. Wer sich nicht halten konnte, fiel herunter und brach sich die Knochen; der Rest war Sache der Wölfe. Verzeih diese sarkastische Rede, aber sie trifft den Kern der Sache genauer, als uns lieb ist.
Ich glaube, Du spürst etwas davon, wie Jesus uns zum Nachdenken auffordert. »Du sollst nicht töten«, ist mehr, als nur den Finger vom Abzug nehmen.
Lieber Horst, ich habe keine Patentregel für Dein Leben. Laß Dir aus der Heiligen Schrift den Weg der Erkenntnis weisen. Laß Dir von Christus die Liebe zum Menschen schenken. Begegne den Menschen um Dich herum, die auch leben wollen, mit einem neuen, wachen Geist. Werde ein Liebender! Und wo Du Dich dann aufhältst, entsteht für viele eine Oase zum Leben.
In Freundschaft
Dein
Friedrich

Bibelstellen zum 5. Gebot

Wer Menschenblut vergießt, dessen Blut soll auch durch Menschen vergossen werden; denn Gott hat den Menschen zu seinem Bilde gemacht.
(1. Mose 9, 6)
Wer seinen Bruder hasset, der ist ein Totschläger.
(1. Joh. 3, 15)
Lasset die Sonne nicht über eurem Zorn untergehen!
(Eph. 4, 26)
Selig sind die Barmherzigen, denn sie werden Barmherzigkeit erlangen.
(Matth. 5, 7)
Brich den Hungrigen dein Brot, und die im Elend ohne Obdach sind, führe ins Haus!
(Jes. 58, 7)
Wohlzutun und mitzuteilen vergesset nicht; denn solche Opfer gefallen Gott wohl.
(Hebr. 13, 16)
Einen fröhlichen Geber hat Gott lieb.
(2. Kor. 9, 7)
Wer nun weiß, Gutes zu tun, und tut's nicht, dem ist es Sünde.
(Jak. 4, 17)

Das sechste Gebot

Die Bibel
Du sollst nicht ehebrechen. *(2. Mose 20, 14)*

Der Katechismus
Du sollst nicht ehebrechen.

Was ist das?
Wir sollen Gott fürchten und lieben, daß wir keusch und züchtig leben in Worten und Werken und ein jeglicher sein Gemahl lieben und ehren.

Ich möchte wieder mit einer Geschichte beginnen. Da war ein schöner Garten mit Rosen, Ziergehölzen, Blumen jeder Art, Gemüsebeeten und ganz versteckt in der hinteren Ecke, ein Komposthaufen. Eines Tages geriet eine alte Sau in diesen Garten. Sie schnupperte nicht an den Rosen und bewunderte nicht den herrlichen Magnolienbaum, sondern lief in die hintere Ecke, um im Abfall zu wühlen. Es war eine richtige Mistsau.
Wir Christen wenden uns leidenschaftlich gegen alle Dreckfinken, die das Verhältnis zwischen Mann und Frau, Sexualität und Erotik in den Schmutz ziehen. Vor einigen Tagen drehte ich abends nach dem Heimkommen noch einmal den Fernseher an. Natürlich wälzten sich da zwei im Bett. Wir sollten uns gegen die Vorstellung, als ob Sex eine Hauptsache sei, wehren. In den Illustrierten, im Film, natürlich in der Flimmerkiste, wird mit Lust der Eindruck erweckt, die Gegend unterhalb des Bauchnabels sei das Zentrum unserer Leiblichkeit. Das ist falsch.
Die Überbetonung des Sexuellen macht sogar oft die echte Liebe kaputt.
Die Bibel sagt: Gott schuf den Menschen ihm zum Bilde. Er schuf ihn als Mann und Frau. Im ersten Schöpfungsbericht ist zwischen

beiden kein Unterschied. Beide sind nach seinem Ebenbild geschaffen, sehr verschieden, aber vollwertig. Erst beide zusammen sind ganz Mensch, ganz Ebenbild Gottes.
Gott hat uns eine Kraft gegeben, die die ganze Natur bewegt, Pflanzen, Tiere, Menschen. Diese Kraft führt Verschiedenes zusammen und schafft Neues.
Für uns ist die Geschlechtskraft eine Gabe Gottes, etwas sehr Natürliches und Reines.
In der Bibel wird Gott wohl immer wie eine männliche Person dargestellt, aber er ist nicht geschlechtlich. Auch bei unserem Heiland Jesus Christus fehlt jeder Hinweis auf Sexualität. Ein Flirt mit der Frau am Jakobsbrunnen oder Maria und Martha in Bethanien ist undenkbar. Der Plan eines dänischen Regisseurs, einen Film ,,Das Liebesleben Jesu" zu drehen, ist lächerlich. Eine feministische Theologie, wie sie von einigen aufgeregten Frauen gefordert wird, ist überflüssig. Die Bibel legt größten Wert darauf, daß die Geschlechtlichkeit im Reiche Gottes aufhört.
Sie tut das in einer religiösen Umwelt, wo es von Fruchtbarkeitsgöttinnen wimmelte, wo es bei Tempelfesten zugehen konnte wie in einem Bordell und die Götter sich aufführten wie gewaltige Casanovas.
Dabei muß ich zugeben, daß es Gesellschaftsordnungen und soziale Strukturen gibt, in denen die Frau minderen Rechts ist.
In Afrika war ich mal zu Gast bei einem anglikanischen Bischof. Ich sah seine Frau und die Töchter am Tisch hantieren, als aber zur Mahlzeit gerufen wurde, saßen nur Männer am Tisch, dazu die Buben. Auf meine Frage nach den Frauen erhielt ich zur Antwort: »Die essen draußen bei den Ziegen.«
In den jungen Kirchen wird daran gearbeitet, diese alten Vorstellungen auszurotten. Sie sind unbiblisch.
Natürlich spiegelt sich auch im Israel des Alten Bundes die orientalische Benachteiligung der Frau wieder. Aber ich verweise zugleich auf die herrlichen Frauengestalten im Alten Testament: Sara, Rebekka, Mirjam, Hanna, Ruth, Judith, Ester.
Im übrigen ist es kalter Kaffee, als ob früher alle Frauen unterdrückt waren. Ich denke an meine Oma, meine Mutter, die Schwiegermutter und andere Frauen an meinem Lebensweg.

Sie hatten Emanzipation gar nicht nötig, die wußten, was die Butter kostet. Dazu gab es ja auch Männer, die unterm Tisch saßen und Angst vor ihren Frauen hatten, Waschlappen und Pantoffelhelden.

Der gute Zaun, den Gott um Mann und Frau gebaut hat, heißt Ehe. Die Ehe ist ihrem Wesen nach dreierlei. Sie ist ein Liebesvertrag, in dem beide sich gegenseitig versprechen: Wir wollen uns liebhaben. Sie ist ein Treuevertrag, in dem beide versprechen: Wir wollen treu sein. Sie ist drittens ein öffentlicher Akt. Wir machen vor aller Welt bekannt: Wir zwei, der Peter und die Bärbel wollen uns liebhaben und treu sein. Durch diesen öffentlichen Akt erhält die Ehe Rechtscharakter; alle an ihr Beteiligten sind nun geschützt. Die Art der Eheschließung ist in der Welt völlig verschieden. Bis 1875 gab es in Deutschland keine standesamtliche Trauung. In England geht man zur Kirche oder zum Standesamt.

Im Mittelalter wurden Ehen zwischen den Familien ausgehandelt; die Hauptbeteiligten wurden oft nicht gefragt.

Heute wird sturmgelaufen gegen die standesamtliche Trauung. Eheähnliche Verbindungen wachsen wie Pilze aus dem Boden. Aus der Ehefrau ist eine »Lebensgefährtin« geworden.

Es mag solche Verbindungen geben, die auf Liebe und Treue gegründet sind und Bestand haben. Aber in vielen Fällen will man gar nicht treu sein und versteht unter Liebe nur die Aktivität im Schlafzimmer. Das ist zum Glücklichsein viel zu wenig. Das endet oft in Tränen und Trauer, in Schuld und Verzweiflung.

Die Kirche darf nicht auf Ehe und Eheschließung verzichten. Christen sprechen über Geschlechtlichkeit nüchtern. Sie verschweigen nicht ihre Bedeutung, wehren sich aber gegen ihre Überbewertung. Ganzer Mensch ist man nur im Gleichklang aller Kräfte, die uns Gott gegeben hat.

Christen sprechen mit ihren Kindern über diese Dinge und überlassen es nicht der Schule, sie aufzuklären. Heute klingt es manchmal so, als ob wir Älteren in einer dunklen Zeit aufgewachsen wären, wo man an den Klapperstorch glaubte. Das ist nicht so. Wir lasen schon als Jungen die Schriften vom »Weißen Kreuz«, in denen von der Bibel her die Sexualfragen behandelt wurden. Aber ich warne vor der Meinung, daß Aufklärung schon die

Erziehungsprobleme der Heranwachsenden löst.
In der Seelsorge sagte mir mal ein Mädchen: »Herr Pfarrer, ich bin vorwärts und rückwärts aufgeklärt und habe nun einen Ekel vor der Liebe.« Bei meiner eigenen Aufklärungsarbeit geriet ich tüchtig ins Schleudern, als meine Tochter fragte, ob sie beim lieben Gott im Himmel ein goldenes Nachttöpfchen gehabt hätte. Es war so schlimm, daß ich gern wieder an den Klapperstorch geglaubt hätte, der die Babys durch den Schornstein rutschen läßt.
Die Bibel sagt: Gott ist die Liebe. Der Mensch ist zur echten Liebe von sich aus unfähig. Wir sind Egoisten von Geburt und wollen lieber nehmen als geben. Zur Liebe gehört die Bereitschaft zum Opfer. Im 13. Kapital des Korintherbriefes wird die Liebe beschrieben. Sie ist langmütig und freundlich, sie eifert nicht, sie treibt nicht Mutwillen, sie bläst sich nicht auf, sie sucht nicht das ihre, sie läßt sich nicht erbittern, sie verträgt alles, glaubt alles, hofft alles, duldet alles und hört nimmer auf.
Christen wollen in ihrer Ehe solche Liebe einüben. Dazu müssen sie sich in das Licht der großen Gottesliebe stellen.
Diese Liebe kann wachsen und immer schöner werden.
Ich will von meiner Ehe erzählen. Wir heirateten 1938 und wollten als Missionsleute auf die Insel Java gehen. In der Neukirchener Mission gab es kein festes Gehalt. Wir fingen mit 60 bis 80 Mark im Monat an. Durch unsere große Stube zog ich einen Kreidestrich. Drüben war die Küche, hier mein Arbeitszimmer. 1939 zerschlug sich die Ausreise, Versetzung nach Frankfurt, fünfeinhalb Jahre Militär und Gefangenschaft. Was bedeutete das für eine junge Ehe? In den Trümmern von Frankfurt begannen wir ein Jugendwohnheim. Meine Frau war Hausmutter und mußte mir immer wieder Geld pumpen. Ich war viel unterwegs, sie mußte die Stellung halten. Fast zehn Jahre waren wir dann in Kelsterbach. 1963 wurden wir nach Neukirchen in die Mission gerufen. Meine Frau wollte nicht, sagte dann aber wie Ruth: »Wo du hingehst, will ich auch hingehen.« Von Neukirchen aus kamen wir nach Bad Vilbel, wieder knapp zehn Jahre. Wir waren gern Pfarrersleute, gingen aber vor knapp zehn Jahren auch gern in den Ruhestand. Nun wandern wir auf die goldene Hochzeit zu. Wir sind norddeutsche Typen und sagen nicht hundertmal am Tag „Liebling“ oder ähnli-

ches. In einer altgewordenen Ehe spielt sich nicht mehr viel ab mit Tätscheln und so weiter. Aber die Liebe ist größer geworden. Wir sind eins geworden und doch verschieden geblieben. Wir müssen uns gegenseitig viel helfen, aber wir leben im Lichte eines herrlichen Sonnenunterganges.

In der Ehe zwischen Mann und Frau hat kein Dritter etwas zu suchen, auch keine Schwiegermutter. Ich habe jungen Eheleuten immer geraten, auf Abstand zu gehen, mindestens einen Kilometer. Ich halte auch nichts von zu engen Freundschaften, wo man sich in den Kochtopf guckt und andere Männer sich zu nahe an unsere Frauen heranmachen.

Ehen können krank werden; aus Eifersucht, Egoismus oder aus nackter Langeweile. Jedes Pfarrhaus sollte eine Reparaturwerkstatt für kranke und kaputte Ehen sein. Christen sollten nicht zu schnell zum Psychiater rennen. Ich könnte jetzt Beispiele erzählen von geheilten Ehen, von Neuanfängen im Lichte Gottes.

Ehen können zerbrechen. Die Ursache können ganz banale Dinge sein. Oft spielt das Geld eine Rolle, mit dem man nicht wirtschaften kann. Ein Mann kam einmal spät abends zu mir mit einem zerknitterten Hemd. Die Frau konnte nicht bügeln. Er wollte weg von ihr. Scheidung ist bei Christen nicht vorgesehen. Ich habe in Traugesprächen den jungen Paaren oft gesagt: »Ihr kriegt jetzt lebenslänglich!« Was sind das für Ehen, bei denen man schon bei der ersten Krise auseinanderläuft! Das Zusammenleben muß trainiert werden. Der Andere muß seine Freiheit und sein Reich haben, in dem er sich entfaltet. Gelddinge müssen gut geregelt sein. Die Bereitschaft zum Gespräch muß wachsen, Vergebung muß möglich sein. Der Wille muß wachsen, beieinander zu bleiben, bis der Tod uns scheidet.

Du sollst nicht ehebrechen! Gott rammt seinen heiligen Willen als festen Pfeiler in unsere Welt. Er baut einen guten Zaun um unsere Ehen.

Letztens tobten in Frankfurt an der Hauptwache einige Homosexuelle herum, die frech ihre Gleichberechtigung als „Schwule" forderten. Die Kirche darf solche Leute nicht zurückweisen, muß ihnen aber sagen: Ihr seid krank und sollt gesund werden. Sexuelle Abartigkeit darf sich in den Gemeinden nicht breit machen. Ein

Wort noch zur Polygamie, zur Vielehe. In Afrika hatte ich Auseinandersetzungen mit Leuten, die als Christen das Recht auf mehrere Frauen beanspruchten! Sie sagten: »Eure Einehe ist europäische Importware«. Ich antwortete: »Hört auf Jesus und sagt mir, wie eine Frau in der Vielehe zur Gleichberechtigung kommen soll.«

Was sagt die Bibel zur Schönheit? Der Mensch will doch ansehnlich sein. Natürlich dürfen wir Christen uns an Schönheit freuen. Ich denke an die Töchter Hiobs, die ihm nach den harten Prüfungen noch geschenkt wurden. Sie waren die schönsten Mädchen weit und breit; ihre Namen waren: Täubchen, Zimtblüte, Schminkdöschen.

Aber es sollte dann nicht so gehen, wie einem jungen Mädchen in England, das zum Pfarrer kam und sagte: »Vater, ich muß eine große Sünde beichten.«

Der anglikanische Geistliche nahm das Mädchen mit in die Sakristei und ermunterte es: »Sprich, meine Tochter.«

Das Mädchen sagte: »Herr Pfarrer, wenn ich morgens in den Spiegel schaue, dann muß ich immer denken: Was bin ich doch für ein schönes Mädchen. Diese Sünde der Eitelkeit muß ich beichten.«

Der Pfarrer schaute das Mädchen an und sagte dann nach einer Weile: »Du kannst ganz beruhigt sein, meine Tochter, das ist keine Sünde, das ist eine Einbildung.«

Von der erzwungenen Ehelosigkeit im Zölibat der katholischen Priester halte ich nichts. Das wird von der Bibel nicht gefordert und hat viel Not und Schande in die Kirche gebracht. Die Gemeinde nimmt aber unverheiratete Männer und Frauen als Schwestern und Brüder auf und läßt sie nicht allein. Wie manche Diakonisse ist in unseren Gemeinden eine Mutter in Christus geworden mit vielen geistlichen Kindern!

Den jungen Leuten rate ich, sich gründlich auf die Ehe vorzubereiten. Ich fürchte, daß mancher junge Mann sich beim Kauf eines Autos mehr Gedanken macht, als bei der Wahl seiner Zukünftigen. Wir hatten in Frankfurt Lehrgänge für junge Ehepaare und solche, die es werden wollten. Da wirkten Juristen, Ärzte, Pfarrer und Fachleute für Hauswirtschaft mit.

Aber nun wird es zum Schluß wieder ganz ernst. Jesus sagt in der

Bergpredigt, daß man schon ein Ehebrecher ist, wenn man eine andere Frau anguckt und sie gern haben möchte. Umgekehrt gilt das natürlich auch für die Frauen. Wenn das stimmt, und es stimmt, dann sitzt keiner von uns auf dem hohen Roß, dann hat keiner eine weiße Weste, auch ich nicht.
Was in unserem Innersten vorgeht, was in uns brennt und uns treibt, das weiß ja kein Mensch, auch oft der Ehepartner nicht. Mir hat mal ein Seelsorger gesagt, als ich in einer solchen Not zu ihm kam: »Fallen ist keine Schande, aber liegenbleiben.«
Seht, da hängt einer am Kreuz. Er ist geschändet und hat keine Gestalt und Schönheit mehr.
Er ist die reine Gottesliebe. Er schenkt Vergebung der Schuld durch sein Blut. Liebende leben von der Vergebung.
Als Christen sind wir in der Gemeinde, die sich „Braut Christi" nennen darf. Sie sehnt sich nach dem Bräutigam und nach der Vereinigung mit ihm. Alle irdische Liebe geht dann auf in reine Gottesliebe.
Laßt uns auf dem Weg zu diesem Ziel bleiben!

Lieber Ralf!
Hab ganz herzlichen Dank für Deinen letzten Brief und Deine Frage nach Liebe, Sexualität, Ehe und Familie.
Es ist heute ein großer Umbruch im Verständnis der Ehe zu beobachten! Wir haben es mit einem Doppelproblem zu tun. Zum einen leben immer mehr junge Menschen »Ehe ohne Trauschein«, aber auch immer mehr Menschen, die ganz offiziell die Ehe vor dem Standesamt und dem Altar eingegangen sind, leben eine Beziehung, die ich nur als »Trauschein ohne Ehe« bezeichnen kann. Ehe ist zum extravaganten Modeartikel geworden! Man staffiert sich mit einem Partner heraus! Der Mensch, mit dem man eine Verbindung eingegangen ist, wird zum Luxusartikel. Man verhält sich ähnlich, als wenn man sich bei Harrod's in London einen tollen Anzug leistet! Ist er neu, wird er gerne herumgezeigt; ist er schäbig und abgetragen, kommt er in die Altkleidersammlung! Immer mehr kommt die ‚Dallas' - und ‚Denver' -Mentalität in den ganz normalen Beziehungen der Menschen unserer Tage zum Tragen. Es gibt bereits soziologische Überlegungen, nach denen die Ehe in Zukunft nur noch als Aufzuchtsinstitution für den Nachwuchs gesehen werden kann. Die Ehe ist eine Interessengemeinschaft zu zweit, die der Lustmaximierung dienen soll. Sie ist Gütergemeinschaft, die hilft, die Lasten des Alltags zu ertragen. Hoffentlich haben wir diesen Horrorvisionen von Ehe wirklich etwas entgegenzusetzen.
Ich möchte Dir gerne zu beiden Fragestellungen eine Antwort geben: Soweit ich das verstehe, gibt es eine Ehe ohne Trauschein nicht! Ehe wird dadurch zur Ehe, daß Staat oder Kultgemeinde die Ehe stiften! Ob wir das Alte oder das Neue Testament nehmen, ob wir die Kulturgeschichte der Völker überprüfen, was wir auch tun, wir stellen fest: **Ehe ist niemals Privatsache!** Ehe hat immer eine öffentliche Dimension! Wenn zwei junge Leute unverheiratet zusammenziehen, ist das also niemals eine Ehe. Wie aber wollen wir eine solche Verbindung nennen, wenn wir sie nicht als 'Ehe ohne Trauschein' bezeichnen können?
Um es ganz klar und unmißverständlich zu sagen: Die Bibel hat für jeden außerehelichen Geschlechtsverkehr nur ein einziges Wort. Dieses Wort heißt Unzucht! Unzucht steht für ‚ohne Zucht'

, gleich ‚ungeordnet' , gleich ‚gegen Gottes Ordnung'! Wer immer unter uns, ob vor oder neben der Ehe geschlechtliche Bindungen aufbaut, hat sich gegen Gottes Ordnung entschieden! Dies nennt die Bibel unmißverständlich: *Sünde!* Hier hilft alles Hinwegpsychologisieren nichts! Die Zeit hat sich geändert — Gottes Sicht von Mann und Frau nicht! Ob uns das paßt oder nicht ist ziemlich unerheblich!

Du fragst in Deinem Brief, ob ich denn die jungen Menschen unserer Zeit mit ihren Problemen nicht verstehen könnte. Doch, das kann ich wohl! Vieles spricht für die junge Generation unserer Tage. So werden z.B. in Hessen über vierzig Prozent aller Ehen wieder geschieden! Da kann ich verstehen, daß viele Paare erst einmal ausprobieren wollen, ob sie es denn auch miteinander aushalten werden. Soweit ich das begreife, ist aber gerade zum Gelingen einer intensiven partnerschaftlichen Beziehung das Vertrauen, das Sich-rückhaltlos-dem-Partner-hingeben, und die Verbindlichkeit einer Beziehung notwendig.

Wir haben mit einer hemmungslosen Sexualerziehung an unseren Schulen die Bibel verobjektiviert und der Freiheit des Menschen den obersten Wert eingeräumt. Die Reduzierung der Liebe auf die Kenntnis der Sexualorgane, letztlich der Befriedigung der Triebe, hat die Menschen in der ganzen westlichen Hemisphäre immer bindungsunfähiger werden lassen. Soweit ich das begreife, ist der Höhepunkt hier noch keinesfalls erreicht.

Bei nüchterner Betrachtungsweise sind eheähnliche Beziehungen volkswirtschaftlich und sozialökonomisch durchaus vertretbar! Dem allen fehlt nur eines: Wirkliche Liebe!

Was ich ganz sicher verstehen kann, ist, wenn jungen Menschen das Warten schwerfällt! Das war übrigens immer so! Was heute in zunehmendem Maße erschwerend ist, ist die Tatsache der Akzeleration. Junge Menschen werden immer früher geschlechtsreif und können immer später soziale Verantwortung übernehmen. Hier zeigt sich ein großes Aufgabengebiet für die Eltern, Freunde, staatliche Organe, sowie für geistliche Gemeinschaften und kirchliche Gemeinden. Es müssen für jede heranwachsende Generation Wege gefunden werden, wie sie ihr Leben meistern kann, damit sie nicht verzweifelt ausbrechen muß und sich mit Gewalt eine

neue Ethik schafft. Für Christen kann und darf die Grundlage jeder Ethik nur in der Heiligen Schrift liegen.
Ein Teil der Problematik zwischen dem Anspruch der Bibel und unserer heutigen Wirklichkeit liegt in einem bestimmten Faktum begründet: Das biblische Heiratsalter lag in der Regel bei siebzehn bis neunzehn Jahren!
Ich bleibe dabei, daß jede Form von eheähnlichen Beziehungen nur und ausschließlich in die Ehe gehören! Genauso deutlich aber möchte ich sagen: Jede Art von Schuld und Sünde, die im außerehelichen Bereich geschieht, ist vergebungsfähig!
Im Klartext: Sünde ist Sünde! Es gibt keine Spezialsünde! Das Neue Testament unterscheidet nur zwischen Sünde und Sünde wider den Heiligen Geist! Gegen welches Gebot wir auch verstoßen, vor Gott sind alle Verstöße gleich! Z.B. wenn Frau M. und Frau H. in Abwesenheit von Frau Sch. über diese negativ reden, ist dies genauso Sünde, wie ein sexueller Verkehr vor der Ehe!
Welchen Rat soll ich Dir und anderen jungen Menschen heute geben? Entdecke die Liebe neu! Laß Dich hineinnehmen in den Zusammenhang zwischen Agape, Eros und Sexualität. Laß Dir Zeit zum Wachsen einer Beziehung. Gönne dem anderen das Leben und ermögliche es ihm nach Leib, Seele und Geist. Die Wegwerfmentalität einer ‚Milchtüten‘ - und ‚Coca Cola -Gesellschaft‘ hat mit der einzigartigen Liebe zu einem anderen Menschen nichts mehr zu tun. Wer ganzheitlich liebt, will dem anderen die Einzigartigkeit einer lebenslangen Verbindung schenken und ermöglichen!
So sehr zur Liebe auch der Körper des Partners gehört, vergiß es bitte nie: Körperliche Liebe ist mehr als die Stimulans des Triebes. Sie ist mehr als Selbstbefriedigung zu Zweit. Sie soll immer zu der Einheit führen, von der uns Gott von Anbeginn der Schöpfung an ein großartiges Bild geschenkt hat. Gott schuf den Menschen ihm zum Bilde, zum Bilde Gottes schuf er ihn. Er schuf ihn als Mann und als Frau, auf daß sie beide eins werden!
Was ist zu tun? Ich denke, es wäre gut, wenn die junge Generation unserer Tage die Verlobungszeit neu entdecken würde. Es gehört mit zum Schönsten, langsam in eine Verbindung hineinzuwachsen, die uns ermöglicht, den Partner in allen Lebensbezügen ken-

nenzulernen. Es ist schön, miteinander ein Nest zu bauen, Hochzeit zu halten, und dann miteinander durch das Leben zu gehen!
Zum Schluß möchte ich Dir gerne noch einen Schlüssel für das ganze Problem an die Hand geben: Hochzeit und Trauung gehören zusammen! Trauung und trauen gehören ebenfalls zusammen! Trauung heißt: Ich vertraue dir - ich traue dir! Hochzeit ist Hingabe ohne Vorbehalt! Wer nicht heiratet, behält sich vor, morgen wieder zu gehen!
Hochzeit heißt: Du kannst dich auf mich verlassen! Hochzeit heißt: Ich bekomme den Segen der Gemeinde zugesprochen! Niemand kann sich übrigens den Segen selbst zusprechen. Dies ist immer noch Sache der Gemeinde.
Verstehe mich bitte richtig, Gott steht zur Hilfe für alle bereit, wenn irgendetwas schief gelaufen ist! Hier kann aber nichts wegpsychologisiert oder wegdiskutiert werden. Hier muß in einer klaren deutlichen Weise bekannt werden, wenn etwas schiefgegangen ist! Gott möchte allen, die ihre Zukunft noch vor sich haben, helfen, daß das Leben gelingt: In Liebe, in Geduld, in Barmherzigkeit, Vertrauen und Güte darf das Miteinander gewagt werden. Gott hat nur einen Wunsch: Das Leben soll gelingen.
Es gibt übrigens viel mehr Trauscheine ohne Ehe, als Ehe ohne Trauscheine. Viele Menschen haben zwar formal die Ordnungen Gottes und dieser Welt erfüllt und leben doch nebeneinander her, als wenn sie nur Erfüllungsgehilfen eines Vertrages wären.
So ist es wichtig, daß Du Dich darauf vorbereitest, eine Ehe zu führen, die den anderen zur vollkommenen Entfaltung seiner Möglichkeiten kommen läßt. Eine Ehe unter Christen heißt: miteinander beten, Bibel lesen, Gemeinde bauen, opfern wollen. Eine solche Ehe lebt aus der Vergebung, läßt nicht aneinander verzweifeln, sondern füreinander sorgen. Jeder dient dem anderen mit seinen Gaben. Ehe heißt, dankbar sein, Geduld haben, abwarten können, auf die Sorgen des anderen hören! Ehe, das heißt, sich lieben, sich immer wieder neu entdecken in den Gefühlen, in der Schönheit des Geistes, der Seele und auch des Körpers. Eine solche Entdeckungsreise hört niemals auf, läßt auch im hohen Alter noch immer neue Möglichkeiten gemeinsamen Erlebens finden. Die Gleichgültigkeit ist der Tod in jeder Ehe. Nimm Dir schon

heute vor, Dich immer wieder neu in **d e n** Menschen zu verlieben, der Dir geschenkt worden ist. Auch und gerade in der körperlichen Liebe gibt es keine begründbare christliche Scheu. Gott hat die Sinnlichkeit und die Sexualität gewollt. Wer sich nur selbst verwirklichen will, wird auch immer nur bei sich selbst ankommen. Der eigentliche, strahlende Glanz der Ehe liegt in einem Geheimnis: Gott hat die Einzigartigkeit seiner Beziehung zu jedem einzelnen Menschen in der Einzigartigkeit der Beziehung zwischen Mann und Frau in der Ehe zum Ausdruck gebracht! Wer so Ehe versteht, der kann einzigartig lieben, dessen Ehe wird gelingen.
Ich denke, es ist gut, wenn ich Dir bei der Frage nach der Ehe ohne Trauschein auch ein paar weiterführende Gedanken mitgeteilt habe. Nur vom Ziel her kann man den richtigen Ablauf festlegen.
So wünsche ich Dir von Herzen, daß Gott Dir den Menschen schenkt, mit dem Du glücklich werden kannst.
In herzlicher Verbundenheit
Dein
Friedrich

Bibelstellen zum 6. Gebot

Was Gott zusammengefügt hat, das soll der Mensch nicht scheiden.
(Matth. 19, 6)
Wisset ihr nicht, daß euer Leib ein Tempel des heiligen Geistes ist?
(1. Kor. 6, 19)
Schaffe in mir, Gott, ein reines Herz, und gib mir einen neuen, beständigen Geist.
(Psalm 51, 12)
Selig sind, die reines Herzens sind, denn sie werden Gott schauen.
(Matth. 5, 8)
Den Reinen ist alles rein.
(Tit. 1, 15)

Fliehe vor der Sünde wie vor einer Schlange; denn so du ihr zu nahe kommst, sticht sie dich.
(Sirach 21, 2)
Mein Kind, wenn dich die bösen Buben locken, so folge nicht!
(Spr. 1, 10)
Lasset euch nicht verführen! Böse Geschwätze verderben gute Sitten.
(1. Kor. 15, 33)

Das siebte Gebot

Die Bibel
Du sollst nicht stehlen. *(2. Mose 20, 15)*

Der Katechismus
Du sollst nicht stehlen.

Was ist das?
Wir sollen Gott fürchten und lieben, daß wir unsers Nächsten Geld oder Gut nicht nehmen noch mit falscher Ware oder Handel an uns bringen, sondern ihm sein Gut und Nahrung helfen bessern und behüten.

Liebe Freunde!
In meiner Bibliothek steht ein Buch, das mir nicht gehört. Ich weiß sicher, daß ich es nicht gekauft habe. Wem es mal gehörte, weiß ich aber nicht. Das ist alles zwanzig, dreißig Jahre her. Wem könnte ich das Buch zurückgeben? Das Gewissen ist auch nicht getröstet, wenn ich an die vielen Bücher denke, die mir verschwunden sind und herrenlos in anderen Schränken herumstehen.
Du sollst nicht stehlen! Keiner von uns kann so tun, als ob ihn dieses Gebot nicht's anginge. Wir sind durchweg Leute mit sauberen Händen, haben noch keinen Bankeinbruch hinter uns und auch keine Karnickel geklaut.
Wenn wir im Gesangbuch singen: »Willst du mir etwas geben an Reichtum, Gut und Geld, so gib auch dies dabei, daß von unrechtem Gut nichts untermenget sei«, dann sollten wir gar nicht so sicher sein.
Es geht heute um das Eigentum. Der Marxismus sagt: Eigentum ist Diebstahl und nimmt es den Leuten weg. Das sagt Gott nicht. Er hat uns das Leben gegeben und will uns auch die Mittel dazu schenken. Solche »Lebensmittel« sind Nahrung, Kleidung, Woh-

nung. Gott will sie seinen Kindern reichlich geben. Er verbietet es, sie uns wegzunehmen, zu mindern, zu verfälschen.
Diese Mittel zum Leben sind in anderen Klimazonen leichter zu bekommen. Im Süden kann man billiger leben. Da entfällt die Winterkleidung, die Heizung und manches mehr. Wieviel mußten wir in einem strengen Winter allein für die Heizung ausgeben! Deswegen ärgere ich mich immer, wenn man uns vorhält, daß wir viel mehr zum Leben hätten als etwa die Afrikaner. Vieles ist da nicht vergleichbar. Gott sagt Ja zum Eigentum. Er will, daß wir es mit unserer Arbeit erwerben und schützt es.
Zu den Lebensmitteln, meine Freunde, gehört aber noch mehr. Viele von uns brauchen ein Auto. Ohne mein Opelchen könnte ich zum Beispiel in Weilers gar nicht wohnen. Wir haben dazu noch für unsere Kinder zu sorgen und unseren Lebensabend zu sichern. Eigentum macht unabhängig. Wir brauchen niemand auf der Tasche zu liegen, wenn wir es erworben haben. Gott sagt Ja dazu und will es segnen. Er baut einen guten Zaun darum und will es schützen.
Wenn Gott sagt: Du sollst nicht stehlen, dann sagt er auch, daß Nichtstuer und Faulpelze, die wie Parasiten auf andrer Leute Kosten leben, in seiner Gemeinde keinen Platz haben. Ihnen wird gesagt: Schafft mit euren Händen etwas Gutes!
Aber, meine Freunde, vom Besitz geht ein eigentümlicher Reiz aus. Man will immer mehr haben. Gold glitzert und lockt. Man kann ganz verrückt werden nach Geld, auch nach dem, was man nicht hat. Die Geschichte ist eine Kette von Raubzügen und Diebstahl. Denken Sie an Nabots Weinberg, an das Gold der Inkas oder auch daran, daß es bei uns Raubritter gab, deren Nachkommen heute ehrbare Besitztitel haben.
Aber wir wollen von den alltäglichen Diebereien reden. Da verwendet ein Handwerker minderwertiges Material und schreibt gutes auf; Diebstahl. Da arbeitet jemand mit falscher Waage und falschem Gewicht; Diebstahl. Mit den Konfirmanden habe ich einmal folgendes ausgerechnet: Ein Lehrling macht jeden Tag auf dem Klo eine Zigarettenpause von 15 Minuten. Er bestiehlt seinen Chef während der Lehrzeit um mehr als 150 Arbeitsstunden.
Und dann unsere Steuererklärung. Jedes Jahr bekommt man nach

Weihnachten diese großen Zettel und muß alles aufschreiben und versteuern. Selbst wir Christen sind hier anfällig und möchten gern die Steuerschuld zu unseren Gunsten mindern, zumal man oft das Gefühl hat, auf dem Finanzamt säßen Beutelabschneider.
Meine Freunde, jetzt kann keiner von uns mehr sagen: Dieses siebte Gebot trifft mich nicht. Wir sind an ihm tausendfach schuldig.
Laßt uns auf Jesus schauen. Er warnt vor dem Reichtum. Reichtum ist zuviel Besitz. Wir denken an den reichen Jüngling. Er hatte viele Güter und ging traurig davon. Wir denken an das Wort vom Kamel und dem Nadelöhr, an seine Warnung vor den Schätzen, die der Rost und die Motten fressen. Jesus sorgt sich um die Reichen. Sie können wegen ihres Besitzes unfähig zur Nachfolge werden.
Aber: Abraham war reich. In der Bibel wird aufgezählt, wieviel Rinder und Kamele er hatte. Als er den Grabplatz für Sara kaufte, die Höhle Machpela bei Hebron, da sieht man förmlich, wie er mit Selbstbewußtsein den Kaufpreis in Silber abzählt.
Hiob, meine Freunde, wurde wieder reich, nachdem er alles verloren hatte. Die Bibel nennt das Segen. Jawohl, auch irdisches Gut fällt unter Gottes Segen.
Ich spreche noch einmal von der »Theologie der Armut«. Da wird die Botschaft des Neuen Testamentes auf völlig Mittellose begrenzt. Natürlich sind sie von Jesus besonders eingeladen. Aber das Evangelium gilt allen. In der Bibel treffen wir den Nikodemus, der zur Oberklasse gehörte, den Hauptmann von Kapernaum, der den Juden eine Synagoge gestiftet hatte, den Josef von Arimatia, der zur Bestattung Jesu ein vornehmes Grab zur Verfügung stellt. Lydia, die Purpurhändlerin, war keine arme Kirchenmaus. Aber sie ging ein ins Reich Gottes.
Dort wurde ihr klargemacht: Eigentum ist anvertrautes Gut. Es gibt keine absoluten Besitztitel. Gott gibt und Gott nimmt. Das letzte Hemd hat keine Taschen, sagten unsere Väter. Als Hanau und Frankfurt brannten, mußten sich viele alles nehmen lassen. Christen können das. Sie verloren in Schlesien oder Ostpreußen ihren ganzen Besitz und lernten mit Hiob sagen: Der Herr hat's gegeben, der Herr hat's genommen, der Name des Herrn sei gelobt. Christen können weitergeben. In der Gemeinde gibt es den brü-

derlichen Lastenausgleich. Was Gott dem einen segnend gibt, ist auch zum Weitergeben gedacht. »Brot für die Welt« kann nur der geben, der Brot hat.
Dieses Weitergeben geschieht ohne fromme Pose, ohne Reklame, so daß die Rechte nicht weiß, was die Linke tut. Der Pharisäer im Tempel, von dem das Gleichnis spricht, war verdammt mit seiner ganzen Wohltätigkeit.
Als Kind mußte ich einmal zu einer Weihnachtsbescherung für arme Kinder. Wir standen auf der Bühne und bekamen eine Tüte. Ich habe sie voller Scham und Zorn hinter eine Hecke geworfen. Aber eines müssen wir jetzt noch sagen: Jesus war arm. Er hatte keine feste Hausnummer und wußte nicht, wo er sein Haupt hinlegen sollte. Es gibt immer wieder etliche, die er beruft in die volle Armut seiner Jünger. Ob das im Dienste der Mission ist, in der Diakonie oder in einer der vielen neuentstandenen Bruderschaften. Man kann in einer solchen speziellen Nachfolge gesegnet werden.
Die Neukirchener Mission, aus der ich kam, nannte sich eine »Glaubensmission« und wollte die Armut Jesu bewußt tragen. Da gab es keine festen Gehälter, keine Rentenzusage. Man hatte wochenlang keinen Pfennig in der Tasche und auch gelegentlich Hunger. Man war abhängig von den täglichen Führungen Gottes und erlebte herrliche Wunder, aber auch die giftige Gier nach einem Zehnmarkschein in der Tasche des anderen.
Christen, meine Freunde, fühlen sich mitverantwortlich für eine gerechte Wirtschaftsordnung in der ganzen Welt. Gott will jedem die Mittel zum Leben, zu einem menschenwürdigen Leben geben. Wir kämpfen mit den Mitteln des Evangeliums gegen Ausbeutung und Unterdrückung, gegen Korruption und Gleichgültigkeit. Als damals in Nigeria der Bürgerkrieg um Biafra tobte, war ich gerade in Kamerun. Dort sah ich riesige Haufen unverkäuflicher Bananen. Sie verfaulten. Die Hungersnot wütete keine hundert Kilometer westlich. Wir in Deutschland schickten Flugzeuge und Schiffe mit Hilfsgütern, aber auf die Idee, Bananen in einer Tagestour von Kamerun nach Nigeria zu bringen, kam keiner. Bei derselben Reise in Afrika erlebten wir in unserem Hotel eine Hochzeitsfeier. Sie dauerte drei, vier Tage. Vor dem Hotel zählte ich über 70 Limousinen, Wagen, die wir uns alle nie leisten könnten. Es war eine Chri-

stenhochzeit, und keine zehn Meilen weiter im Busch saßen hungernde und kranke Menschen vor ihren Hütten.
Freunde, das gibt es, das macht uns zornig und gefährdet den Willen zur Hilfe.
Nun zu einem anderen Aspekt unseres Themas. Christen wissen, daß sie von ihrem Eigentum etwas abgeben müssen für die Allgemeinheit, für den Staat. Sie sollten ehrliche und dankbare Steuerzahler sein. Aber auch der Staat kann zum Dieb an uns werden. Er kann Geld verschwenden oder falsch verteilen. Deswegen müssen wir aufpassen, daß es mit den öffentlichen Geldern gerecht und sparsam zugeht. Wir Christen sind nicht von der Politik, auch nicht von der Kommunalpolitik, beurlaubt.
Noch etwas anderes. Ich habe Schwierigkeiten mit einem Nachbarn. Er ärgert mich, wo er kann. Eines Abends sehe ich, daß sein Auto noch Licht hat. Da darf ich nicht denken: »Der krumme Hund wird morgen früh den Akku leer haben, und ich werde hinter der Gardine stehen und zusehen, wie er an seinem Auto herumhüpft.« Da werde ich wohl zu ihm gehen und ihn an sein Auto erinnern. Vielleicht hilft es sogar zu einem neuen Anfang mit ihm.
Da hängt eine Nachbarin sonntags regelmäßig Wäsche auf. Ich ärgere mich und heiße sie heimlich: Sabbatschänderin.
Da baumelt nun an einem Sonntag ihre Wäsche. Es zieht sich ein Gewitter zusammen. Gleich wird der Regen losprasseln und die Nachbarin ist nicht da. Was tut der Christ? Er erinnert sich an den Katechismus im Konfirmandenunterricht, murmelt »sein Gut und Nahrung helfen bessern und behüten« und hängt die Wäsche ab. Das alles gehört zum siebten Gebot.
Aber es gehört auch noch die Erinnerung dazu: Der Mensch lebt nicht vom Brot allein. Zum Leben brauchen wir mehr als Unterhosen, Frühstücksbrote und eine warme Stube. Wir brauchen zum Beispiel Freude. Wir brauchen Frieden, wir brauchen Hoffnung, wir brauchen Vergebung, wir brauchen viel Liebe. Ohne diese Gaben gibt es kein rechtes Leben. Nur die Kühe begnügen sich mit Futter und Stall. Der Mensch braucht mehr. Aber diese Gaben kann er nicht kaufen. Ich habe Millionäre kennengelernt, die todunglücklich waren, weil ihnen diese Gaben fehlten.
Wir Christen preisen Gott, weil er uns reich machen will am in-

wendigen Menschen. Da gibt es bei ihm reichlich Freude und eine Hoffnung über das Grab hinaus. Da werden wir frei von aller Gier nach Reichtum und bekommen Frieden, der höher ist als alle Vernunft.

Wenn wir an Gottes Tisch treten und in Brot und Wein seine Gabe empfangen, haben wir schon teil an solchem Reichtum und freuen uns wie Kinder auf die Weihnachtsstube, daß wir einmal ewig an seinem Reichtum und seiner Herrlichkeit teilhaben werden.

Zum Schluß will ich noch von einem reichen Mann erzählen. Ich lernte ihn in Württemberg kennen. Als Junge war er in einem Waisenhaus. Er machte eine harte Lehre durch im Eisenhandel, übernahm später ein kleines Geschäft. Dieses wuchs. Er wurde gesegnet und hatte zum Schluß mehr als ein Dutzend Lastzüge laufen und ein Lager mit eigenem Gleisanschluß.

Nachmittags zum Kaffee bekam ich bei ihm ein trockenes Brötchen und ärmlichen Kaffee. Er sagte: »Damit will ich mich ans Waisenhaus erinnern.«

Nach dem Kriege entstand bei uns in Frankfurt ein Haus für Jungen ohne Unterkunft. Das war in der Stalburgstraße Nr. 38. Wir brauchten Geräte für die Küche, Geschirr und vieles mehr. Ich bestellte es in Württemberg bei diesem Freund und las, als Lieferung und Rechnung kamen, unter der Endsumme »Betrag dankend erhalten«.

Da war einer reich und arm vor Gott. Da erfüllte einer das siebte Gebot im Geiste Jesu. Wir wollen Leute sein, die Gott um das tägliche Brot und alle Mittel zum Leben bitten, damit wir frei sein können in dieser Welt zum Weitergeben. Wir wollen Leute sein, die um Dinge wissen, die noch nötiger sind als Brot, und sie täglich umsonst empfangen durch unseren Herrn Jesus Christus.

Lieber Sven!
Gestern am Telefon konnten wir nicht offen genug miteinander reden. Du hast völlig recht, es gibt zur Ehrlichkeit keine Alternative. Viele Menschen merken es nicht einmal, wie sie ihre Seele mit kleinen und großen Unehrlichkeiten vergiften.
Jede Unehrlichkeit ist ein Verstoß gegen das Gebot: »**Du sollst nicht stehlen!**«
Wenn ich einem Menschen etwas vorbehalte, etwas verweigere, auf das er Anspruch hätte, dann tritt für ihn ein Lebensverlust ein. Verweigerte Liebe und unaufrichtiges Verhalten sind verfeinerte Formen des Diebstahls. Oft ist ein Mensch viel schlimmer betroffen, als wenn ihm fünf Mark, eine Tafel Schokolade oder der Personalausweis gestohlen wurde.
Vom Überfluß unseres Eigentums können wir leichter etwas entbehren, als wir denken. Verweigerte Anerkennung oder ein Liebesentzug treffen uns dagegen oft bis ins Zentrum unserer Empfindungen.
Wenn Gott uns aufruft, nicht zu stehlen, dann bedeutet das dreierlei:
1. Mit einem Diebstahl fing die ganze Dramatik des Verhältnisses zwischen Gott und den Menschen an. Der Diebstahl im Garten Eden hatte einen irreparablen Vertrauensverlust zur Folge. Die Frucht, die Adam und Eva genommen hatten, war nur einige Pfennige wert. Bei dem Überfluß, der im Paradies vorhanden war, spielte dies überhaupt keine Rolle. Daß Gott sich auf die Menschen nicht mehr verlassen konnte, das war die wirkliche Katastrophe dieses Ereignisses!
Jeder Diebstahl, wie groß oder klein er auch sei, jede vorbehaltene Anerkennung, jede verweigerte Ehrerbietung sind eine klammheimliche Wiederholung des Vorganges der Stunde Null in der Menschheitsgeschichte. Gott ist über jeden Verstoß gegen das siebte Gebot tief betroffen. Wir dürfen es nie vergessen: Gott mußte, um die Menschen zu retten, das Leben seines eigenen Sohnes einsetzen. Wir wären sonst über diesem »kleinen Diebstahl« am Anfang der Menschheitsgeschichte für immer verlorengegangen.
2. Von einem Diebstahl ist immer ein Mensch betroffen. Er wird in seinem Lebensglück, in seinem Bedürfnis nach Geborgenheit

verunsichert.
Endlich war es mir gelungen, meine Mutter zu überreden, eine kleine Reise mit mir zu unternehmen. Wir hatten gute, von vielen Erlebnissen gefüllte Tage. Als wir nach Hause kamen, war die Wohnung aufgebrochen. Die Uhr meines verstorbenen Vaters, und was sonst noch alles abhanden kam, das konnte Mutter verschmerzen. Das totale Chaos in der Wohnung war die eigentliche Erschütterung dieses Ereignisses.
Alle umfassenden Sicherungsmaßnahmen konnten seit damals meine Mutter nicht dazu bewegen, die Wohnung länger als für ein paar Stunden zu verlassen. Der eigentliche Lebensverlust liegt also nicht in dem Einbruch; entstand auch nicht durch die entwendeten Gegenstände. Der eigentliche Lebensverlust liegt in der Verunsicherung des Geborgenheitsprinzips in ihrem Leben. Diese Folgeschuld wird den Dieb genauso verklagen, wie das Ereignis selbst.
3. Jeder Diebstahl fällt auf den Dieb selbst zurück. Vor Gott findet er keine Ruhe mehr. Aller Spott und Hohn ist nur der Versuch, die eigene Betroffenheit zu verbergen. Die Seele eines Diebes wird durchsetzt von der Gewißheit, daß sein Erfolg immer auf Kosten eines anderen Menschen zustandegekommen ist. Keine seelische Struktur eines noch so harten Menschen verkraftet ein solches Fehlverhalten auf Dauer. Entweder wird er mit der Zeit depressiv, oder er wird zum Zyniker, der sich und andere verachtet. Letztlich zerrinnt ihm das ganze Leben zwischen den Fingern.
Eine interessante Beobachtung wollte ich Dir gerne noch mitteilen: Mit einer Gruppe von interessierten Christen war ich auf einer Rundreise durch Amerika. Wir wollten verschiedene Gemeinden kennenlernen. Unser Flugzeug brachte uns von New York nach Boston. Diese Stadt ist eine der schönsten Städte Amerikas. Hier war vor Jahrhunderten die berühmte »tea-party« gewesen. Rund um Boston fanden Befreiungskämpfe statt. Die Engländer mußten lernen, daß sie auf die Dauer Amerika nicht als Kolonie des Britischen Empires beherrschen konnten.
Eines Tages lag der begehrte, grüne Tee nicht mehr im Rumpf der auslaufbereiten Schiffe. Die amerikanischen Hafenarbeiter warfen ihn kurzerhand in das Hafenbecken. Vor den Augen der ent-

setzten englischen Kapitäne versank er langsam in der brackigen Brühe des Atlantikwassers.

Mitten in dieser für mich, neben Washington D.C., schönsten amerikanischen Stadt hatten wir unsere ‚vans' (zwölfsitzige Personenwagen) abgestellt. Wir waren zu Gast in der berühmten Park Street Church. Als wir einige Zeit später zu unseren Fahrzeugen kamen, waren sie aufgebrochen. Einige Koffer waren entwendet. Zu unserem großen Erstaunen fanden wir Stunden später in der Nähe unserer »vans« einige amerikanische Einkaufstüten. Alle Bibeln, die sich in den gestohlenen Koffern befunden hatten, lagen in diesen Tüten wohl verpackt. Selbst diese Profis brachten es nicht fertig, die Bibeln einfach zu verbrennen, sondern sie haben sie zurückgebracht und in unserer Nähe abgestellt.

Lieber Sven, sag Deinen Freunden, es lohnt sich nicht, einen Bruch zu machen. Sie leben im Unfrieden mit sich selbst, bringen das Leben anderer Menschen durcheinander und befinden sich im Konflikt mit dem lebendigen Gott.

Ich hoffe, ich konnte Dir über Deine direkte Anfrage hinaus noch etwas sagen, das Dir als Christ hilft, dieses Gebot noch aktueller zu sehen.

In herzlicher Verbundenheit
Dein
Friedrich Meisinger

Bibelstellen zum 7. Gebot

Habsucht ist eine Wurzel alles Übels.
(1. Tim. 6, 10)
Geben ist seliger als nehmen.
(Apg. 20, 35)
Ein jeglicher sehe nicht auf das Seine, sondern auf das, was des andern ist!
(Phil. 2, 4)
Dienet einander, ein jeglicher mit der Gabe, die er empfangen hat, als die guten Haushalter der mancherlei Gnade Gottes.
(1. Petr. 4, 10)
Wer im Geringsten treu ist, der ist auch im Großen treu; und wer im Geringsten unrecht ist, der ist auch im Großen unrecht.
(Luk. 16, 10)

Das achte Gebot

Die Bibel
Du sollst nicht falsch Zeugnis reden wider deinen Nächsten.
(2. Mose 20, 16)

Der Katechismus
Du sollst nicht falsch Zeugnis reden wider deinen Nächsten.

Was ist das?
Wir sollen Gott fürchten und lieben, daß wir unsern Nächsten nicht fälschlich belügen, verraten, afterreden oder bösen Leumund machen, sondern sollen ihn entschuldigen, Gutes von ihm reden und alles zum besten kehren.

Heute schreibe ich zum achten Gebot nach Luthers Zählung. In den ersten drei Geboten geht es um den Willen Gottes und seine Ehre. Dann sahen wir, wie Gott in den anderen Geboten einen guten Zaun baut um unsere Familie, unser Leben, unsere Ehe und unser Eigentum.
Ich behaupte, das achte Gebot ist besonders wichtig! In ihm geht es um unsere Persönlichkeit, um unseren guten Namen und unsere Ehre. Luther gebraucht in seiner Erklärung das alte deutsche Wort Leumund. Dieses Wort bedeutet: was in der Leute Mund ist. Ist es dir gleichgültig, was in der Leute Mund ist über dich und deine Familie?
Da sitzt im Konfirmandenunterricht ein junges Mädchen. Dieses Mädchen, sie heißt Bärbel, war seit der Erschaffung der Welt noch nicht da und wird bis zum jüngsten Tag nicht wiederkommen. Sie ist einmalig. Ihre Persönlichkeit, ihr Name, ihr Menschsein ist vor Gott einmalig. Sie ist keine Nummer, keine anonyme Artgenossin, sie ist einmalig. Diese Einmaligkeit unseres Daseins will Gott schützen. Er baut einen guten Zaun um unsere Namen.

Er setzt einen festen Pfeiler in diese Welt.
In einer meiner Gemeinden war eine fromme Frau. Sie war jeden Sonntag in der Kirche und kam oft ins Pfarrhaus. Als ich sie eines Tages besuchte, zeigte sie mir ihr Sterbehemd. Für den Fall ihres Todes hatte sie in einem Fach alles liegen, ihr Testament, Anordnungen für die Bestattung bis hin zu den Liedversen, die gesungen werden sollten. Sie gab mir den Brief zu lesen, in dem das alles aufgeführt war. Der Schluß des Briefes war voller Beleidigungen gegen ihre Schwiegertochter, von der sie sich schlecht behandelt fühlte.
Ich sagte: »Der Brief wird verbrannt.« Sie wurde aufsässig und lehnte ab. Ich sagte ihr: »Sie kommen nicht zum heiligen Abendmahl, bis der Brief verbrannt ist.« Es dauerte Monate, bis sie ins Pfarrhaus kam und mir den Brief brachte. Er landete im Feuer.
In der Bibel wird erzählt, daß eine Schlange unsere Urgroßeltern im Paradies verführte. Warum eine Schlange? Nun, sie hat eine gespaltene Zunge und spritzt Gift. Diese Schlangenart haben wir Menschen geerbt. Gespaltene Rede und giftige Zungen haben mehr Unheil angerichtet als Mord und Totschlag.
In Luthers Erklärung unseres Gebotes wird gesagt, wir sollen nicht afterreden. Das verstehen wir nicht gut. Wenn wir uns aber an das englische »after« oder das plattdeutsche »achter« erinnern, wird alles klar. Wir sollen nicht hinter einem anderen herreden, sondern ihm ins Angesicht schauen. Den Mut will Gott uns schenken, mit unserem Nächsten offen über das zu reden, was wir gegen ihn haben. Oft genügt es aber auch, einfach darüber zu schweigen.
Eines Tages kam eine zungengewandte Frau zu mir und sagte, sie habe eine Konfirmandin bei der Kerb beobachtet, wie sie mit einem Jungen unter die Hecke kroch. Ich müsse sie von der Konfirmation ausschließen. Ich zog meinen Mantel an und sagte: »Kommen Sie!« »Wohin«, fragte sie. »Zu dem Mädchen«, antwortete ich. Als sie sich weigerte, ging ich allein hin und hörte, daß ihr Vetter zu Besuch da sei und sie bei der Hecke eine Grillwurst verspeist hätten. Danach hätten sie sich vor Übermut gebalgt. Ob diese Frau sich wegen ihrer schmutzigen Phantasie geschämt hat? In diesen Tagen sind die Medien voll von Umweltskandalen. Die Presse hat bei uns eine wichtige, unverzichtbare Aufgabe. Sie soll der Wahr-

heit dienen.
Da ist die Mülldeponie in Hailer am Pranger, die Fabrik »Sonnenschein« in Büdingen, unsere neue Autobahn A 66, auf die sich viele sehr freuen. Wird hier nicht falsch Zeugnis geredet? Werden die Dinge nicht bewußt verdreht oder in verlogener Schwarzweiß-Malerei verzerrt?
Im politischen Raum ist der Rufmord wie eine Seuche geworden. Man deutet an, vermutet, wühlt in der Vergangenheit, kombiniert und hat nicht die Wahrheit, aber das gewünschte Ergebnis.
Letztens sah ich im Fernsehen eine Kindersendung. Die Kinder stellten alberne Fragen und gaben altkluge Antworten. Nichts war unbefangen kindertümlich. Es war eine verlogene Schau.
In meiner letzten Gemeinde in Bad Vilbel weihten wir den neuen Kindergarten ein und lasen in der Zeitung einen durchweg negativen Artikel. Der Reporter war keine halbe Stunde unter uns, konnte im Dunkeln nichts sehen, führte mit den Verantwortlichen kein Gespräch und hörte nur ein paar Meckerer. Sein Bericht las sich so, als ob einer vorgibt, einen Bauernhof zu beschreiben und nur den Misthaufen erwähnt. Das heißt: Falsch Zeugnis reden.
Jetzt müssen wir aber von uns reden, den Christen und ihrer Kirche. Wir morden nicht, sind keine Diebe und halten schlecht und recht ein bürgerlich-moralisches Niveau. Was richten wir aber mit unserer Zunge an?
Da spricht ein Pfarrer eine eigene, urwüchsige Sprache und vermeidet die »Sprache Kanaans«. Ehe er sich versieht, hat er den Stempel »Ungläubig« und wird ihn nicht mehr los. Man meidet ihn und ringt in Gebetszirkeln um seine Bekehrung.
Nach einer Beerdigung kam ein Mann zu mir. Er hatte sich hinter einer Hecke Notizen von der Grabrede gemacht und beschuldigte mich der Irrlehre. Bei einer Auseinandersetzung zog jemand ein Notizbuch heraus und las vor, was ich vor drei, vier Jahren gesagt haben soll.
Das sind Gestapomethoden! In der Gemeinde Jesu Christi haben sie keinen Platz.
Die schlimmsten Dinge in meinem Leben habe ich unter »Frommen« erlebt!
Im 19. Kapitel der Offenbarung des Johannes lesen wir: »Und ich

sah den Himmel aufgetan, und siehe, ein weißes Pferd, und der darauf saß, hieß: Treu und wahrhaftig.«
Wir wissen, wer der Reiter auf dem weißen Pferd ist mit Augen wie Feuerflammen und vielen Kronen auf dem Haupt. Jesus sagt: Ich bin die Wahrheit. Er allein ist die Wahrheit. Vor ihm, in seinem Licht werden wir entlarvt. Von Natur aus haben wir die Schlangenart, wir Leute der kleinen und großen Lügen, auch der Notlügen. Wir Meister der Vermutungen, der Verdrehungen und Verkürzungen können in seinem Lichte nur noch stammeln: Herr, erbarme dich! Wir können nur noch beten: O komm, du Geist der Wahrheit, und kehre bei uns ein.
Von Natur aus sind wir nicht Leute der Wahrheit. Aber wir sollen es werden durch seinen Geist und durch die Liebe, mit der er uns geliebt hat. Es gibt keine Wahrheit ohne Liebe. Deshalb gibt Luthers Erklärung zu unserem Gebot die Aufgabe, unseren Nächsten zu entschuldigen, Gutes von ihm zu reden und alles zum Besten kehren. Das ist der Dienst der Christen. Auch für die Leute in öffentlichen Ämtern, die man heute so gern mit Schlamm bewirft, tun wir diesen Dienst. Wir wollen Vorbilder der sachlichen Auseinandersetzung werden und den Gegnern die persönliche Achtung nie verweigern.
Man spricht heute viel vom Datenschutz. Ich will auch nicht, daß irgendwo Einzelheiten über meine Person und mein Leben im Computer stecken. Wer den Datenschutz will, der muß auch den Schutz des Menschen vor übler Nachrede wollen.
Ich war im vergangenen Jahr in Jerusalem und stand in der Kirche der Geißelung auf dem Pflaster aus der römischen Zeit. Gabbata, das Hochpflaster, bestand aus großen, rotbraunen Quadersteinen. Hier hat unser Herr Jesus vor Pilatus gestanden. Hier wurde falsch Zeugnis gegen ihn geredet. Er wurde als Lügner und Gotteslästerer verurteilt. Man setzte ihm die Dornenkrone auf, verspottete und bespuckte ihn. Er wurde zur Nichtperson erklärt und zwischen zwei Verbrechern ans Kreuz gehängt. Dieser Mann aus Nazareth hatte nie jemandem ein Leid getan. Ihm war die Lüge fremd. Aus dem Innersten seiner Gottessohnschaft heraus war er die reine Wahrheit.
Christen gehen mit ihrem Herrn denselben Weg. Von Anfang an

wurden sie verleumdet. Tausendfach wurde falsch Zeugnis gegen sie geredet bis zum heutigen Tag. Die Gemeinde muß nur zusehen, daß sie dabei reines Herzens bleibt und den Verleumdern nicht ein Steinchen in die Hände gibt.
1939 wurde ich nach Frankfurt am Main versetzt und schon eine Woche nach dem Umzug von der Geheimen Staatspolizei in der Lindenstraße vorgeladen. Man verwarnte mich wegen der Jugendarbeit in der Bekennenden Kirche und bot mir einen hohen Posten in der Hitlerjugend an. Als ich ablehnte und sagte, daß ich mich bereits für Jesus Christus entschieden hätte, da wurde der Verhöroffizier wütend, murmelte etwas von »Volksverräter« und entließ mich mit der Drohung: »Wenn Sie so weitermachen, enden Sie am Galgen.« Das sagte man damals einem jungen Deutschen, der sein Vaterland sehr liebte und im Ersten Weltkrieg seinen Vater verloren hatte. Christen müssen mit ihrem Herrn durch gute und böse Gerüchte gehen. Das haben wir damals gelernt.
Es war im Mai 1415. Da wurde durch Konstanz ein Mann geführt, dem man eine Narrenkappe aufgesetzt hatte. Hohnlachend stand das Volk in den Straßen. Johannes Hus, der Rektor der Universität von Prag, wurde zum Scheiterhaufen geführt. Seine letzten Worte waren: Christe, du Sohn des lebendigen Gottes, erbarme dich mein! Er starb für die Wahrheit des Evangeliums.
Am 9. April 1945 führten schwarzuniformierte Deutsche den Pastor Dietrich Bonhoeffer an den Galgen. Er hatte es gewagt, der Lüge die Wahrheit entgegenzusetzen und sich zu dem Sieger auf dem weißen Pferd zu bekennen. Wir haben eine Wolke von Zeugen, die treu und wahrhaftig dem Evangelium folgen. In einer Welt der Lüge standen sie zu dem Herrn der Wahrheit.
Wir wollen ihm folgen.

Liebe Ivonne!
Viele Menschen haben heute kein Vertrauen mehr zueinander. Jeder muß damit rechnen, daß sein Leben vor den anderen ausgebreitet wird. Alle haben Angst vor allen. Auf die Dauer aber kann kein Mensch nur in Ängsten leben.
Es werden heute mehr Menschen seelisch als körperlich in ihrer Lebensfreude beeinträchtigt. Es gibt seelische Grausamkeiten, die bis zur Depression führen können. Die Menschen haben das Gebot: »**Du sollst nicht falsch Zeugnis reden . . .**«, nie ernst genug genommen.
In Amerika, im Staat Illinois, wird ein junger Mann verhaftet. Er ist angeklagt, ein junges Mädchen vergewaltigt und umgebracht zu haben. Die Indizien sprechen gegen ihn. Alle Zeugenaussagen malen das Bild eines Mörders. Die Öffentlichkeit ist erregt, sie braucht einen Schuldigen. Die Geschworenen halten den Druck nicht aus. Einstimmig lautet ihr Spruch: Schuldig! Die Todesstrafe wird verhängt.
Billy Smith verbringt die letzten Tage seines Lebens in der Einzelzelle. Er schreibt Bittbriefe über Bittbriefe an den Bischof, den Gouverneur, die Zeitungen und das Fernsehen.
Eines Tages, sechs Stunden vor der Hinrichtung, betritt Francis Normann, der Gefängnisseelsorger, die Todeszelle. Er teilt dem Verurteilten den Termin der Hinrichtung mit. Billy lehnt sich mit der ganzen Kraft seines jungen Lebens gegen die Entscheidung auf! Der Gefängnisseelsorger ist tief beunruhigt. Irgend etwas ist anders, als bei allen anderen Verurteilten. Er verspricht Billy Smith alles zu tun, um sein Leben zu retten.
Um 9.05 Uhr spricht Francis Normann mit dem Gefängnisdirektor. Es ist gerade 9.15 Uhr, da wählt der Direktor im Beisein von Francis Normann die Nummer des Gouverneurs. Um 9.27 Uhr klappt die Vermittlung. Das Sekretariat des Gouverneurs meldet sich. Eindringlich bittet der Direktor darum, daß der Gefängnisseelsorger, Francis Normann, mit dem Gouverneur in Sachen Billy Smith reden darf. Der Gouverneur ist nicht in seiner Residenz. Sein Wagen ist seit den frühen Morgenstunden unterwegs. Der Gouverneur hat einen Termin nach dem anderen. Das Auto hat Telefon, die begleitende Polizei ist mit Funk ausgerüstet. Die Sekre-

tärin hängt am Telefon. Die Einsatzleitung der Polizei jagt einen Funkspruch nach dem anderen hinaus.
Viel später wird sich herausstellen: Der Gouverneur ist in eine Studentenrevolte der Universität geraten. Die Polizeieskorte muß ihre schweren Motorräder am Eingang stehen lassen. Sie eilt dem Gouverneur in seiner Bedrängnis zu Hilfe.
Nach der Ansprache wird erkennbar, daß der Gouverneur auf normalem Wege nicht über den Campus zum Haupteingang kommen wird. Durch die Hintertür wird er zum Wagen des Rektors der Universität gebracht. Mit zweieinhalb Stunden Verzögerung setzt der Gouverneur die Fahrt in dem geliehenen Fahrzeug fort. Der Wagen des Rektors hat keine Telefonverbindung.
Um 13.30 Uhr sind der Gefängnisdirektor und die Sekretärin des Gouverneurs völlig erschöpft. Francis Normann hängt noch immer am Telefon. Am anderen Ende hat er um 13.43 Uhr den Programmdirektor des Fernsehsenders NBC. Dieser verspricht, das landesweit ausgestrahlte Programm zu unterbrechen. In Abständen von drei Minuten wird der Gouverneur dringend gebeten, sein Büro anzurufen.
Um 13.52 Uhr fahren der Direktor und sein Strafanstaltsseelsorger Francis Normann zum Gefängnis zurück.
Um 14.18 Uhr betritt Francis Normann erneut die Todeszelle, um Billy Smith auf den letzten Gang vorzubereiten.
Es ist gerade 14.32 Uhr, als der Gouverneur endlich bei dem Besuch in einem Seniorensitz unter Palmen von der zweiundachtzigjährigen Shila Davidson auf den Fernsehaufruf hingewiesen wird.
Gegen 14.42 Uhr ruft der Gouverneur sein Büro an. Die Sekretärin verständigt ihn von den Bedenken des Pfarrers.
Um 14.47 Uhr wird Billy Smith vom Direktor, dem Anstaltsgeistlichen, dem Rechtsanwalt und dem Henker zum elektrischen Stuhl geleitet.
Um 14.52 Uhr entscheidet der Gouverneur, daß das Urteil vorläufig nicht vollstreckt werden darf.
Um 15.00 Uhr verständigen sich der Gefängnisseelsorger und der Direktor, daß sie auf eigene Verantwortung die Hinrichtung noch einen kleinen Augenblick hinausschieben wollen.
Um 15.01 Uhr erreicht die Sekretärin des Gouverneurs die Sekre-

tärin des Direktors im Gefängnis.
Um 15.03 Uhr nimmt der Henker seinen Platz an den Schalthebeln ein, die die Stromzufuhr zu dem elektrischen Stuhl regeln werden. Er weiß, daß er punkt 15.05 Uhr den Strom durch den Körper von Billy Smith jagen muß.
Um 15.04 Uhr reißt die Sekretärin des Direktors den Hebel der Alarmanlage herunter. Gellend heulen die Sirenen durch das ganze Gefängnis. Die Todeszelle hat kein Telefon. Der Direktor springt auf den Gang hinaus und reißt den Telefonhörer von der Gabel. Er weiß genau, die Sirenen heulen nur bei Feuer oder Aufruhr. Seine Sekretärin schreit nur ein Wort in das Telefon: »Aufschub!«
Der Direktor brüllt vom Gang in die Todeszelle: »Aufschub!«
Um 15.05 Uhr läßt der Henker seine Hand von den lebensvernichtenden Hebeln sinken.
An einem Montag, vierzehn Tage später, gerät ein alter Chevy von der Straße ab und überschlägt sich. Auf der Intensivstation gibt der Verunglückte kurz vor seinem Tode zu Protokoll, daß er sich an dem Mädchen vergangen hatte. Er war für ihren Tod verantwortlich.
Liebe Yvonne, es gibt viele, ähnliche Berichte aus der ganzen Welt, an denen Du erkennen kannst, wie lebensbedrohlich das falsche Zeugnis von Menschen für einen anderen Menschen werden kann. Wieviel Glück hat Billy Smith dennoch gehabt. Am Ende konnte er lachen und hat das Leben ganz anders als bisher, als Geschenk Gottes gesehen.
In wieviel Fällen hat das negativ »Hinterdemrückenreden« nicht diese Dramatik. Und dennoch ist es für die Seele eines Menschen genauso tödlich, wenn sie immer und immer wieder zwischen die Mahlsteine einer lieblosen Geschwätzigkeit gerät.
In Matthäus 5, Vers 23 und 24 habe ich ein wichtiges Wort gefunden: »Darum, wenn du deine Gabe auf dem Altar opferst und wirst allda eingedenk, daß dein Bruder etwas wider dich habe, so laß allda vor dem Altar deine Gabe, und gehe zuvor hin und versöhne dich mit deinem Bruder, und alsdann komm, und opfere deine Gabe.« Wer Jesus nachfolgen will, und nur das heißt heute »unsere Gabe auf dem Altar opfern«, braucht Frieden mit den Menschen,

mit denen er zusammenlebt.
Erstaunlicherweise heißt es nicht: Wenn du etwas gegen den Bruder hast, sollst du innehalten. Nein, du sollst sogar auf deinen Mitmenschen zugehen, wenn du erkennst, daß er etwas gegen dich hat. Wie ruhig würde es in der Welt, wenn wir nur noch Gutes über einander reden würden. Nicht über den Anderen, sondern mit dem Anderen sollst du reden.
Liebe Yvonne, ich wünsche Dir viel Freude mit dem achten Gebot. Wie frei wird Dein Herz ohne Haß und Neid. Wie gerne werden die Menschen mit Dir leben, denn niemand wird mehr Angst vor Dir haben müssen.
Bis bald,
Dein
Friedrich Meisinger

Bibelstellen zum 8. Gebot

Ein Dieb ist ein schändlich Ding; aber ein Verleumder ist viel schändlicher.
(Sirach 5, 17)
Leget die Lüge ab und redet die Wahrheit, ein jeglicher mit seinem Nächsten, weil wir untereinander Glieder sind.
(Eph. 4, 25)
Die Zunge kann kein Mensch zähmen, das unruhige Übel, voll tödlichen Giftes.
(Jak. 3, 8)
Ich sage euch aber, daß die Menschen müssen Rechenschaft geben am Tage des Gerichts von einem jeglichen nichtsnutzigen Wort, das sie geredet haben.
(Matth. 12, 36)
Die Liebe freuet sich nicht der Ungerechtigkeit; sie freuet sich aber der Wahrheit.
(1. Kor. 13, 6)

Das neunte und zehnte Gebot

Die Bibel
Laß dich nicht gelüsten deines Nächstes Hauses. Laß dich nicht gelüsten deines Nächsten Weibes, noch seines Knechtes, noch seiner Magd, noch seines Ochsen, noch seines Esels, noch alles, was dein Nächster hat. *(2. Mose 20, 17)*

Der Katechismus
Du sollst nicht begehren deines Nächsten Haus.

Was ist das?
Wir sollen Gott fürchten und lieben, daß wir unserem Nächsten nicht mit List nach seinem Erbe oder Haus stehen und mit einem Schein des Rechts an uns bringen, sondern ihm dasselbe zu behalten förderlich und dienstlich sein.

Du sollst nicht begehren deines Nächsten Weib, Knecht, Magd, Vieh oder alles, was sein ist.

Was ist das?
Wir sollen Gott fürchten und lieben, daß wir unserem Nächsten nicht sein Weib, Gesinde oder Vieh abspannen, abdringen oder abwendig machen, sondern dieselben anhalten, daß sie bleiben und tun, was sie schuldig sind.

Liebe Freunde!
Heute will ich Ihnen einige Gedanken zum 9. und zum 10. Gebot aufschreiben. Wenn wir den Text lesen, wird uns klar, daß die reformierte Zählung logischer ist, die das Gebot als zehntes zusammenhält. Luther hat das Bilderverbot im 2. Gebot mitbehandelt und mußte deshalb am Schluß trennen, um zur Zehnzahl zu kommen.

In der Soldatenzeit war ich in Antwerpen. Dort arbeitete ich in der Feldnachrichtenkommandantur und war für ein mehrstöckiges Haus verantwortlich, in dem der ganze technische Apparat untergebracht war, aber auch Unterkünfte, Aufenthaltsräume usw. Eines Tages sagte sich der Kommandeur an. Er wollte das Haus besichtigen. Da fingen wir an zu routieren. Ich scheuchte das ganze Volk im Hause herum; Putzen, Saubermachen, Aufräumen, Blumensträuße hinstellen, Bilder aufhängen. Das war die Parole. Aber unter den Betten und in den Ecken gab es viel Krempel; Kartons, Zeitungen, Abfälle. »Wohin damit?« so fragten die Vaterlandsverteidiger. »In den Keller!« rief ich. So geschah es. Als der Chef kam, glänzte das Haus. Er murmelte Zustimmung und sprach: »Ein wahres Schmuckkästchen.« Zum Schluß sagte er: »Und nun noch in den Keller.« Der Mann wollte in unseren Keller! Als er die Rumpelkammer betrat und das Chaos erblickte, kam ein Mordsdonnerwetter. Er gab den Befehl, auch noch den Keller aufzuräumen, in kürzester Zeit.

Gott will heute in den Keller. Das zehnte Gebot ist kein Anhängsel, bei dem man denken könnte: »Das hat der Moses noch schnell aufgeschrieben, damit die Zahl voll wird.« Nein, dieses Gebot ist Höhepunkt und feierlicher Abschluß dessen, was Gott als seinen heiligen Willen uns offenbart hat.

Er will in den Keller gucken. Im Keller sieht man die Fundamente eines Hauses. In den Keller führt die Wasserleitung, dort sind die Kabelanschlüsse. Unsere Vorräte, die Archive sind meist im Keller.

Längst bevor die Psychoanalyse entdeckt wurde durch den österreichischen Arzt, längst bevor Psychotherapie Mode wurde, längst bevor man in Gruppen anfing, Händchen zu halten und über seine Fehler zu plaudern, hat Gottes Wort uns schon klargemacht, worauf es ankommt. Nicht unsere Fassaden sollen glänzen, sondern da unten, ganz tief im Untergrund unserer Seele, im Keller unseres Seins, sollen wir gesund sein.

Wie es bei uns im Keller aussieht, wissen wir selbst nicht recht. Das Unterbewußtsein, unser Seelenleben, die Fülle der Triebe und Regungen, das hat Gott heute im Visier.

Keiner kann sagen: Die Gebote habe ich gehalten, ich heilige den

Feiertag, habe eine gute Familie, liebe meine Frau, habe nicht gestohlen und niemanden umgebracht. Wir sind in der tödlichen Gefahr, selbstgerecht vor Gott zu stehen, wie ich es oft an Sterbebetten erfuhr. Sie sagten: »Herr Pfarrer, mein Wahlspruch war: Tue recht und scheue niemand.«
Kein Richter kann meine Gefühle bestrafen. Er kann meine Triebe und Regungen nicht erkennen. Er darf nur wirklich Geschehenes beurteilen und danach strafen. Vor Gott ist das anders. Er schaut durch und durch und verurteilt auch das Unsichtbare. In meiner Heimat im Ruhrgebiet wurde einmal ein neuer Schacht abgeteuft. Um durch die dicke Fließsandschicht zu kommen, benutzte man zum ersten Mal ein künstliches Gefrierverfahren. Als der Schacht fertig war und die Frostschicht langsam auftaute, da geschah das Unglück. Es war im Juni 1926, als die Sirenen heulten und gesagt wurde: »Schacht III ist abgesoffen.« Wir Jungen fuhren mit Fahrrädern hinaus und sahen da, wo das Schachtgerüst stand, die Maschinenhalle und die Waschkaue, einen großen See von etwa 500 Metern Durchmesser. An einem der Tübbings, der großen Stahlringe, war wohl eine Schweißnaht nicht in Ordnung gewesen, Wasser sickerte ein, der Fließsand zerdrückte den Stahlring und brachte das Menschenwerk von Jahren in Sekunden zum Einsturz. Man hatte auf Sand gebaut, die Fundamente waren nicht in Ordnung. Damals kamen etwa zwölf Bergleute ums Leben.
Wie steht es mit unseren Fundamenten? Worauf haben wir das Haus unseres Lebens gebaut?
Gottes Wort sagt uns nüchtern, wie es bei uns im Keller aussieht. Das Dichten und Trachten des menschlichen Herzens ist böse von Jugend auf. Das Herz ist ein trotzig und verzagt Ding. Aus ihm kommen arge Gedanken. Die Fundamente sind schlecht. Es muß etwas geschehen, sonst gibt es eine Katastrophe. Es wird uns gehen wie damals diesem Schacht.
Liebe Freunde, in einer Baumschule standen junge, stämmige Bäume. Aber es waren Wildlinge. Der Gärtner sagte: »Die können wachsen, wie sie wollen, sie werden nie gute Früchte bringen. Ich muß sie veredeln.« Das geschah, indem er den wilden Stamm abschnitt und ein Edelreis aufpfropfte. Die Wunde wurde mit Bast umwickelt, mit Wachs bestrichen, und dann mußte der Gärtner

warten, ob die Veredelung gelungen war.
So geht es auch im geistlichen Leben. Gott muß das Alte, Wilde abschneiden und das Edelreis des Glaubens einsetzen.
Diese Operation muß jeder für sich vollziehen lassen. Er muß sich ganz allein entscheiden. Ohne sie gibt es kein neues Leben und keine Frucht.
Denken wir noch einmal an den Keller. Da ist zum Beispiel einer nach außen hin ein biederer Geschäftsmann, aber tief innen ist er gierig nach Geld und Reichtum. Da geht ein Mädchen, hübsch und gepflegt, aber in ihrem Keller brennt ein Feuer. Da spielt einer ständig den Gentleman, aber im Keller bellen die Hunde. Da ist einer Redner, der mit demütigen Gesten jede Anerkennung abwehrt, aber tief im Herzen giert er nach Lob. Das ist unsere Lage. Die böse Lust sitzt in uns wie ein Tumor. Von uns aus können wir es nicht ändern. Aber im Lichte der Liebe Gottes können wir gesunden.
Die zehn Gebote sind keine Fesseln, die uns zwingen, dorthin zu gehen und dieses zu tun. Sie sind ein Angebot zur herrlichen Freiheit.
Sie sind zehn feste Pfeiler im Dschungel dieser Zeit, Pfeiler, die die Brücke zur Ewigkeit tragen.
Aber nun muß ich noch etwas sagen. Der Gott, mit dem wir es bei den zehn Geboten zu tun haben, ist kein alter Opa. Manche denken ihn sich wirklich als alten Mann, der zittrig herumläuft und ständig murmelt: »Kinder, seid doch artig.«
So wurde Gott damals nach dem Krieg in dem Theaterstück von Wolfgang Borchert dargestellt. Es hieß »Draußen vor der Tür« und hat uns stark bewegt.
Der Gott der Bibel ist ein starker Gott, ein eifriger Gott. Er ist einer, der sich nichts vormachen läßt, einer der abrechnet. Genauso wie im Gleichnis von den Haushaltern wird es sein; Gott rechnet ab. Er wird uns fragen, was wir mit unserem Leben gemacht haben, wie wir unsere Gaben gebraucht haben, er wird genau erforschen, wie wir es mit seinen heiligen Geboten gehalten haben.
In der Kirche wird meines Erachtens zu wenig vom Jüngsten Tag und vom Endgericht gesprochen. Auch nicht an den Gräbern. Aber einmal stehen wir vor unserem Richter. Dann wird uns angst

und bange werden. Wir werden auf zehn Fragen nicht eine Antwort geben können. Aber wenn das Buch der Anklage aufgeschlagen wird, wenn man meinen Namen vorliest, dann wird einer vortreten und sagen: Halt! Der wird nicht gerichtet. Der ist schon gerichtet in meinem Blut auf Golgatha.
Jochen Klepper, der Dichter unserer Generation, dessen Grab in Berlin auf dem Friedhof zu Nikolassee ich immer wieder besuche, hat in dem herrlichen Adventslied gesungen: Wer hier dem Sohn vertraute, kommt dort aus dem Gericht.
Christen sind getrost, daß die Stunde des Gerichts für sie eine gnädige Stunde sein wird.
Wir waren einmal in Bethel bei Bielefeld. Ein Diakon zeigte uns kranke Kinder, Wasserköpfe, Mongoloide, Schwachsinnige, und sagte dabei, daß ein hoher Prozentsatz dieser Kinder die Sünden ihrer Väter und Großväter tragen müßten. Diese Sünde pflanzt sich fort und bringt böse Frucht bis ins dritte und vierte Glied. Wir Deutschen werden für Auschwitz sühnen bis ins fünfte oder gar bis ins zehnte Glied. Irret euch nicht, Gott läßt sich nicht spotten! Diese Warnung gilt. Da wurde in den letzten Jahren lachend das sechste Gebot außer Kraft gesetzt. Ehebruch wurde alltäglich, die Unzucht kam über die Mattscheibe bis in unsere Wohnzimmer. Und nun kommt eine Antwort: AIDS.
Man kann Gottes Gebote nicht ungestraft außer Kraft setzen. Aber Gott will lieber segnen als strafen. Da fing ein junger Vikar damals in Paris an, die verwahrlosten Kinder deutscher, meist hessischer Straßenfeger zu sammeln und zu erziehen. Dieser Vikar hieß Friedrich von Bodelschwingh. Durch ihn und die Anstalt Bethel tat Gott wohl bis ins tausendste Glied. Ein anderer, Gänsejunge auf einer Nordseehallig, ohne Schulbildung, wird krank und gelobt Gott, ihm nach der Genesung ganz zu dienen.
Er kommt nach Wuppertal ins Missionshaus und quält sich mit den Sprachen und der Theologie. Er wird ausgesandt nach Sumatra und arbeitet unter dem Stamm der Batak. Als er starb, zogen Tausende an seinem Grab vorbei. Gott tat wohl durch ihn bis ins tausendste Glied. Sein Name war Ludwig Ingwer Nommensen.
Vor mehr als zehn Jahren kam ich auf der Insel Java in ein Dschungeldorf, dessen Christengemeinde erst sieben oder acht Jahre alt

war. Sie zeigten mir stolz ihre große, selbstgebaute Kirche. Kürzlich hörte ich, diese Kirche sei abgerissen und durch eine noch größere ersetzt worden. Das Evangelium breitet sich manchmal aus wie ein Steppenbrand. Da, wo die heiligen Gebote Gottes in Kraft gesetzt werden, vollzieht sich auch ein gesellschaftlicher Umbruch, der tiefer geht als jede Revolution.

Aber nun zum Schluß noch ein Erlebnis.

Ich war einmal in Südwestafrika, das man heute Namibia nennt. Wir fuhren durch die Wüste und sahen plötzlich einen hohen Zaun, kilometerlang begrenzte er die Piste. Diamantengebiet! Betreten verboten! warnten die Schilder. Als wir Rast machten und ich an den Zaun trat, sah ich plötzlich dort drüben etwas Glitzerndes, etwas in der Sonne herrlich Funkelndes. Da erwachte in mir der Tatendrang. Ob da ein Diamant liegt? Angucken wird man ihn wohl dürfen. Ich kroch unter dem Zaun durch, machte einige Schritte im Wüstensand und fand — die Scherbe einer Coca-Cola-Flasche. Sie glitzerte in der Sonne und hatte mich getäuscht. Aber dann wurde mir die Scherbe zum Gleichnis. Wenn ein wertloses Stück Glas in der Sonne so leuchtet, wieviel mehr werden Menschen leuchten, die in der Sonne Gottes stehen. Sie gehen über eine Brücke aus festen Pfeilern in seine Herrlichkeit.

Bibelstellen zum 9. und 10. Gebot

Wachet und betet, daß ihr nicht in Anfechtung fallet! Der Geist ist willig; aber das Fleisch ist schwach.
(Matth. 26, 41)
Gerechtigkeit erhöht ein Volk; aber die Sünde ist der Leute Verderben.
(Spr. 14, 34)
Irret euch nicht! Gott läßt sich nicht spotten. Denn was der Mensch sät, das wird er ernten.
(Gal. 6, 7)

Der Katechismus
Was sagt nun Gott von diesen Geboten allen?

Er sagt also:
Ich, der Herr, dein Gott, bin ein eifriger Gott, der über die, so mich hassen, die Sünde der Väter heimsucht an den Kindern bis ins dritte und vierte Glied; aber denen, so mich lieben und meine Gebote halten, tue ich wohl in tausend Glied.

Was ist das?
Gott dräuet zu strafen alle, die diese Gebote übertreten; darum sollen wir uns furchten vor seinem Zorn und nicht wider solche Gebote tun. Er verheißet aber Gnade und alles Gute allen, die solche Gebote halten; darum sollen wir ihn auch lieben und vertrauen und gerne tun nach seinen Geboten.